夏丏尊 刘薰宇讲文章作法

夏丏尊 刘薰宇 著

河海大学出版社
HOHAI UNIVERSITY PRESS
·南京·

图书在版编目（CIP）数据

夏丏尊 刘薰宇讲文章作法 / 夏丏尊，刘薰宇著
. -- 南京：河海大学出版社，2022.1
ISBN 978-7-5630-6712-1

Ⅰ．①夏… Ⅱ．①夏…②刘… Ⅲ．①汉语-写作
Ⅳ．① H15

中国版本图书馆 CIP 数据核字（2020）第 263728 号

书　　　名	夏丏尊 刘薰宇讲文章作法
	XIA MIANZUN LIU XUNYU JIANG WENZHANG ZUOFA
书　　　号	ISBN 978-7-5630-6712-1
责任编辑	毛积孝
特约编辑	叶青竹　祝翠翠　隋忠静
特约校对	黎　红
出版发行	河海大学出版社
地　　　址	南京市西康路1号（邮编：210098）
电　　　话	（025）83737852（总编室）
	（025）83722833（营销部）
经　　　销	全国新华书店
印　　　刷	北京众意鑫成科技有限公司
开　　　本	880mm×1230mm　1/32
印　　　张	6
字　　　数	128 千字
版　　　次	2022 年 1 月第 1 版
印　　　次	2022 年 1 月第 1 次印刷
定　　　价	69.80 元

《大师讲堂》系列丛书
▶ 总序

/ 吴伯雄

梁启超说:"学术思想之在一国,犹人之有精神也。"的确,学术的盛衰,关乎一个民族的精神气象与文化氛围。民国是一个动荡不安的时代,内忧外患,较之晚清,更为剧烈,中华民族几乎已经濒临亡国灭种的边缘。而就是在这样日月无光的民国时代,却涌现出了一批批大师,他们不但具有坚实的旧学基础,也具备超前的新学眼光。加之前代学术的遗产,西方思想的启发,古义今情,交相辉映,西学中学,融合创新。因此,民国是一个大师辈出的时代,梁启超、康有为、严复、王国维、鲁迅、胡适、冯友兰、余嘉锡、陈垣、钱穆、刘师培、马一浮、熊十力、顾颉刚、赵元任、汤用彤、刘文典、罗根泽……单是这一串串的人名,就足以使后来的学人心折骨惊,高山仰止。而他们在史学、哲学、文学、考古学、民俗学、教育学等各个领域所取得的成就,更是创造出了一个异彩纷呈的学术局面。

岁月如轮,大师已矣,我们已无法起大师于九原之下,领教大师们的学术文章。但是,"世无其人,归而求之吾书"(程子语)。

大师虽已远去，他们留下的皇皇巨著，却可以供后人时时研读。时时从中悬想其风采，吸取其力量，不断自勉，不断奋进。诚如古人所说："圣贤备黄卷中，舍此安求？"有鉴于此，我们从卷帙浩繁的民国大师著作当中，精心编选出版了这一套"大师讲堂系列丛书"，分辑印行，以飨读者。原书初版多为繁体字竖排，重新排版字体转换过程当中，难免会有鲁鱼亥豕之讹，还望读者不吝赐正。

吴伯雄，福建莆田人，1981年出生。2003年考入福建师范大学古代文学研究系，师从陈节教授。2006年获硕士学位。同年9月考入复旦大学中文系古代文学专业，师从王水照先生。2009年7月获博士学位。同年9月进入福建师范大学文学院古代文学教研室工作。推崇"博学而无所成名"。出版《论语择善》（九州出版社），《四库全书总目选》（凤凰出版社）。

目录

文章作法

第一章　作者应有的态度 | 003

第二章　记事文 | 009

第三章　叙事文 | 025

第四章　说明文 | 048

第五章　议论文 | 056

第六章　小品文 | 087

附录　教育杂谈

《给青年的十二封信·序》| 123

文学的力量 | 126

受教育与受教材 | 132

怎样对付教训 | 137

"自学"和"自己教育" | 146

学斋随想录 | 153

教育的背景 | 155

《李息翁临古法书》跋 | 161

我之于书 | 162

春日化学谈 | 164

中国书业的新途径 | 172

怎样阅读 | 178

文章作法

第一章　作者应有的态度

　　文章有内容和形式两方面，前面已经讲过。所谓好文章，就是达意表情，使读者读了以后能明了作者的本意，感到作者的心情的文章。应当怎样作法才能达到这种地步，这个问题包含很广，实不容易；但综合起来，最要紧的基本条件却有两个：(1) 真实；(2) 明确。

　　(1) 真实　文章是传达自己的意思和情感给别人的东西。倘然自己本来并无这样的意思和情感，当然不应该作表示这样的意思和情感的文章，不然便是说谎了。近来，许多青年欢喜创作，却又并不从实生活上切切实实地观察体验，所以虽然作了许多篇东西，却全同造谣一样，令人读去觉得非常空虚。"情者，文之经；辞者，理之纬；经正而后纬成，理定而后辞畅：此立文之本也。"所以作文先要有真实的"情"，才不是"无病呻吟"。所谓"真实"，固然不是开发票或记账式地将事实一件一件地照样写出，应当有所选择；但把很微细的事物说得很夸张，把很重大的事件说得很狭小，或竟把有说成无，把无说成有，都不免成为虚空。

虽然文章是表现作者的实感，往往有扩大、缩小的事实，而同一事物看大、看小也随人随时不同；但这是以作者的心情做基础，不能凭空妄造。用一块钱买一件东西，是一桩很简单的事；但因时间和各人的情形不同，有的人觉得便宜，就说："不过花一块钱。"有的人觉得昂贵，就说："这要一块钱呢！"心情完全不同。但都是真实的，所以没有不合理的地方。"白发三千丈，缘愁似个长"、"笔落惊风雨，诗成泣鬼神"、"朝如青丝暮成雪"、"边亭流血成海水"，这类名句所以有价值，就因它们是表现作者的实感。倘若并没这样的心情，徒然用这样笔法来装饰，便是不真实。

（2）明确　文章要能使读的人了解，才算达到作文的目的，所以难解及容易误解的文章，都不能算是好的。古来的名文中，虽也有很深奥、晦涩，非加上注解不能使人明白的，但这不是故意艰深，使人费解。所以这样有两种原因：一是它的内容本来深奥，二是言语随着时代变迁，古今不同。

文章本是济谈话之穷的东西，它的作用原和谈话没有两样。但用谈话来发表意思和情感的时候，大概是彼此见面的，有不了解的地方，还可当场问清楚。至于文章，是给同时代或异时代任何地方的人看的，很难有询问的机会，万一费解，便要减少效用，或竟失却效用。就是谈话，尚且要力求明了，何况文章呢？

以上两种是作文的消极的条件，不可不慎重遵守。要适合这两种条件，下列几项最要注意。

（1）勿模仿、勿剿袭　文章是发表自己的意思和情感，所以不能将别人的文章借来冒充；剿袭的不好是大家都承认的，古来早已有人说过，不必再讲。至于模仿，古来却有不以为非的。什么桐城派、阳湖派的古文呀，汉魏的骈文呀，西昆体的诗呀……越学得像越好。其实文章原无所谓派别，随着时代而变迁，也无所谓一定的格式。仅仅像得哪一家，哪一篇，决不能当作好的标准。从另一方面说，文章是表现自己的，各人有各人的天分，有各人的创造力；随人脚跟，结果必定抑灭了自己的个性；所作的文章就不能完全自由表示自己的意思和情感，也就不真实、不明确了。

（2）须自己造辞，勿漫用成语或典故　所作的文章要读的人读了能够得着和作者作时相同的印象，才算是好的，所以对于自己所要发表的意思和情感必须十分忠实。这本不是一件容易的事，第一步功夫就在用辞。用辞要适如其分，不可太强，也不可太弱，不可太大，也不可太小。从来文人无不在用辞上下过苦功夫，贾岛的"推敲"就是最显明的例。法国文豪福来培尔（今译为福楼拜）教他的学生莫泊桑有几句名语，很可做教训。

因为世间没有全然相同的事物，作者对于事物，要先观透它的个性。描写的时候务须明晰，使读者不致看错。这样，自然和人生的真相才能在作品中活跃。最要紧的事情就是选辞。我们应该晓得，表示某事物最适当的言语只有一个，若错用了别语，就容易和别事物混同。

他这段话真是至言，作者对于要表示的内容，应该搜求最适当的辞来表示它，不要漫把不适当的或勉强适当的辞来张冠李戴。因此可以说，要对言辞有敏感的人，才能作得出好文章。

晓得这一层，就不至于乱用成语或典故了。成语、典故如果真和自己所要表示的内容吻合，用也无妨，但事实上很难得有这样凑巧的事情。如"暮色苍然"是描写晚景的成语，但暮色不一定苍然，若只要描写暮色就用这成语便不真实了。古人灞桥折柳以送行，本是一种特别土风，"阳关""渭城"也是实有所指；现在这种土风已没有了，事实也不相同了，要描写别离的情况，还用"阳关三叠""渭城骊歌"这类的话，也便是不真实、不明确。又如"莼鲈之思"这句成语，在张翰本是实有这样的情感，若不是吴人，连莼鲈的味都不知道的，也用来表示思念故乡的情感，当然不真实、不明确了。用成语、典故真能确切的实在不多，所以这样的错误触目皆是，非特别留意不可。

和成语、典故相类似，用了容易发生错误的，还有外国语和方言。外国语除了已经通行的或真没有适当译语的以外，都应当避去，因为不懂外国语的人见了这种辞是不会懂的，已懂外国语的人见了这种辞又要感着累赘讨厌。方言非有特别理由，就是没有适当的辞可代替的时候，也不宜用，因为文章中杂用方言，别地方的人读了往往不容易明了。

（3）注意符号和分段　　符号和分段，都是辅助文章使它的意义更比较明确的。符号错误，就易使文章的真意不明，或引起误解。同一句话，因符号不同，意义就不相同。例如：

一、"大军官正擦额上的汗呢！听见了这句话，遂高声喊道：'全胜！'"这句里"全胜！"本是大军官得意的口吻，所以用叹号（！）表出；若用问号，便是表示那大军官还怀疑别一军官的报告，并且和"遂高声喊道"几个字所表示的情调不称；若用句号（。），情调自然也不合，而"全胜"二字所表示的不过是事实的直述，再无别的意味。

二、"我爱他，是很光明的。""我爱他是很光明的。"两句意义全不同：第一句"是很光明的"五个字是指"我爱他"这件事，第二句是指"我"所以"爱他"的原因。

一篇文章虽有一个中心思想，但仔细分析起来，总是联合几个小的中心思想成功的。为了使文章的头绪清楚，应当把关于各个小的中心思想的文字作成一段；换句话说，就是一个小的中心思想应当作一段，而一段中也只应当有一个小的中心思想。文章的内容若十分复杂，一段里面还可分成几小段。分段的标准或依空间的位置，或依时间的顺序，或依事理自然的秩序，全看文章的内容怎样。至于每段的长短，这是全无关系的。

（4）用字上的注意　　为使文章明确和翻译外国文便利，关于第三身代名词，这几年常有人主张将"他"字依性别划分，但还没有一定主张；我喜欢单数在男性用"他"，在女性用"她"，在通性用"它";多数则用"他们","她们","它们"。"的"字也划分成三个:(A)"的"用做代名词和形容词的语尾;(B)"底"用做后置介词,表示"所属";(C)"地"用做副词的语尾。"那"字原有"询问"和"指示"两种任务;现在也有人主张分成两个,"询问"用"哪",读上声;"指示"用"那",读去声。这些分别,于文的明确很有关系,虽未全国通用,但在个人无论采用与否却须一致,否则误解就容易发生。

第二章　记事文

第一节　记事文的意义

将人和物的状态、性质、效用等，依照作者所目见、耳闻或想象的情形记述的文字，称为记事文。例如：

……这一枝梅花只有二尺来高，旁有一枝，纵横而出，约有二三尺长；其间小枝分歧，或如蟠螭，或如僵蚓，或孤削如笔，或密聚如林；真乃："花吐胭脂，香欺兰蕙。"

——《红楼梦》第五十回

案上设着大鼎，左边紫檀架上放着一个大官窑的大盘；盘内盛着数十个娇黄玲珑大佛手；右边洋漆架上悬着一个白玉比目磬，旁边挂着小槌。

——《红楼梦》第四十回

（状态）

可以敌得过代洛西的人，一个都没有，他什么都好，无论算术、作文、图画，总是他第一，他一学即会，有着惊人的记忆力，凡事不费什么力气，学问在他，好像游戏一般。

——《爱的教育·级长》

如今长了七八岁，虽然淘气异常，但聪明乖觉，百个不及他一个！

——《红楼梦》第二回
（性质）

那个软烟罗只有四样颜色，一样雨过天青，一样秋香色，一样松绿色的，一样就是银红的。若是做了帐子，糊了窗屉，远远的看着，就似烟雾一样。

——《红楼梦》第四十回

这就是鲛绡丝所织。暑热天气，张在堂屋里头，苍蝇蚊子，一个不能进来，又轻又亮。

——《红楼梦》第九十二回
（效用）

上面所举的例，都是记事文。所谓人和物的状态、性质、效用等都是静的、空间的这个标准全是就作者的旨趣说，所以有时被记出的虽是动状，仍是记事文，例如：

堤上虽有微风，河里却毫没有波纹，水面像镜子一般，映出澄清的天空的影。

——《少年的悲哀》

那时候白雾越发降得重，离开房子不过十步路，便看不见那边的窗，只看见一团黑影，里面射出来一条红灯光。河上又发出种奇怪的鼾息声，冰块爆裂声。一只鸡在院子里浓雾中间喔喔地叫着，引起别的鸡也鸣叫起来了，以近及远，慢慢儿一村间只听见一片鸡鸣声音。可是四围除去河流以外，所有都寂静。

——《复活》第十七章

第二节　作记事文的第一步

记事文以记述经验为目的，未曾经验的事物当然无从记述。就是有时是根据作者的想象，而所记述的是假设的情形，但想象也不是凭空妄造，须有相当的经验做根据。因为这样，要作记事文先须经验事物，或目见，或耳闻，或参考书籍，从各方面收集材料，更将所得材料按适当的次序排列起来。在初学的人，没有腹案的功夫的，并须将各材料一一地用短文记出。例如要作"西湖"的记事文，先就经验所得，摘出种种的材料。

先查地理书，假定得到下面的材料：

（一）西湖在杭州城西，又名西子湖。

（二）西湖是东南的名胜。

再把自己在游西湖的时候的经验列举出来，假定如下：

（三）从上海坐沪杭车到杭州城站，步行三四里就到。

（四）我到车站的时候，原想坐人力车，后来听说到那里很近，就步行了。

（五）湖直径约十余里，游船往来如织。

（六）舟人说，原有两塔，南面的是雷峰塔，北面的是保俶塔。

（七）水很清，可望见游鱼。

（八）湖滨旅馆很多，我在某旅馆住了几天。

（九）别庄、祠堂相望，风景幽美。

（十）一面滨市，三面皆山。

（十一）山峰连续，最高者是北高峰。

（十二）春夏游人最多，外国人来游的也不少。

（十三）坐小舟行湖中，如入画图。

（十四）有苏白二堤，蜿蜒湖中。

（十五）有林和靖墓、苏小小墓、岳坟等古迹。

（十六）有名的山是北高峰、葛岭、孤山、南屏山等。

（十七）寺观林立，钟声时到游人的耳际。

（十八）某别庄正在那里开工建筑。

（十九）四围多垂柳，远望如绿烟。

（二十）有人在那里钓鱼。

（二十一）山上多树，水底有草。

这样一个个地排列起来（愈多愈好），然后再对于材料进行一种精密的取舍整理。

〔注意〕这种程序，可应用于一切文体，不单记事文如此。

第三节　材料的取舍和整理

从经验事物虽将各项关于事物（题目）的材料收集起来，但这些材料，对于题目并不全然适切。如果将不适切于题目的材料夹杂进去，文章就有不适切的毛病。选择材料的标准：一是适切题目，二是注重特色。例如以《西湖》为题的记事文，前节所列的材料中，如（三）、（四）、（十八）和（八）的后半部，（六）的前半部，都不是《游西湖记》的材料，不适切题目，应该舍去。（二十）、（二十一）两项不是西湖的特色，也应舍去。

材料取舍完了，其次便是整理。凡是同类的材料，务必集合在一处，将冗繁支离的删去。例如前节（五）的后半部和（十二）可并，因为都是记述游人的情况的；（十一）和（十六）也可并，因为都是记述山的。

既将材料取舍，整理好了，联缀起来，就成文章。现在将前节所举的材料，依上面取舍整理的结果缀成短文如下：

西　湖

西湖又名西子湖，在杭州城西（一），是东南的名胜（二）。湖径广约十几里（五），一面滨市，三面皆山；山峰连续，最高的是北高峰（十一），此外有名的有葛岭、孤山、南屏山等（十六）。原有雷峰和保俶两塔对峙，现只保俶塔巍然矗于北面（六）。苏白二堤蜿蜒湖中（十四）。湖畔有林和靖墓、苏小小墓、岳坟等古迹（十五）；别庄、祠堂相望（九）。寺观林立，钟声时到游人耳际（十七），湖水清浅，可望见游鱼（七）。四围多垂柳，远望如绿烟（十九）。坐小船行湖中，好像入画图（十三）。春夏间游人最多，游船往来如织，外国人慕名来游的也不少（十二）。

〔练习〕试自集材料做下列各题：

（1）我们的学校

（2）我的故乡

第四节　记事文的顺序

记事文的顺序大概有两种，一以观察的顺序为标准，一以事物本身的关系为标准。简单的记事文如前节所举的例，通常用第一种。但要记复杂的事物，这种方法就不适用。如作《飞行机》和《无线电话》等题的记事文，也依作者自己所观察的顺序为文字的顺序，一一联缀起来，那便混杂不清了。

作复杂的记事文，先须注目于关系事物全体的材料，然后顺次及于各部分；各部分的材料中，又是先列大的，后列小的。现在参考书籍，作《鸽》的记事文如下：

鸽是和鸠同类的一种鸟，大都善飞，喜群居。统分野鸽和家鸽两类，家鸽又分菜鸽和飞鸽两种。　　　　（一）

野鸽，性情极凶恶；住在山野树林里，以田禾为食，是农家的害鸟的一种。它的羽毛全体暗黑，只有背的中央是灰白色，颈和胸前有紫绿色的光泽，眼睛的颜色不好看。　　（二）

家鸽为野鸽变种，性情很驯良，可以和家鸡一样给人家喂养。羽毛眼色,种种不一。飞翔很快,记忆力很强(1)。其中的一种,菜鸽,比较起来,飞得不高,也飞得不远。眼色也不十分好看。只是它的生殖很容易。肉味也很鲜,用来佐菜,喜欢的人极多;就是它的蛋也是很贵重的食品(2)。 (三)

飞鸽,放到远处地方去,它也能自己飞回来,可用以传信。但是它生长很不容易,往往孵不出小鸽,因为难得,售价非常的贵。 (四)

家鸽的品格很多,要分辨它们的好坏和名目,只消看它们的眼睛和毛羽的颜色。 (五)

菜鸽的眼睛虽不十分好看,但也有几种有趣味的:一种姜黄眼,眼球下面,现着砂子,黄颜色里带些红色(1)。一种桃砂眼,眼球下面的砂是桃红色的(2)。又有一种水砂眼,桃砂的桃红色还带些淡红的(3)。无论姜黄眼或桃砂眼,眼球里有几粒黑砂,能够上下流动的,又叫流砂;很是名贵。将鸽的身子颠倒转来,眼球里的几粒黑砂,就慢慢地流下。等到再转身过去,又流转了去,真是有趣(4)。 (六)

飞鸽的眼睛,名目更多,最好看的是藤砂。藤砂又可分成三等:网藤,眼睛里有许多丝,像藤一般的,这种最好(a);藤砂,只有一二条丝从眼球里现出来,极显明的,比网藤次一些(b);藤砂中最下等的,丝贴紧在眼球下面,并不显明的(c)(1)。藤砂以外,铁砂眼,眼球里有一种和砂子一般的小粒的(2);

紫砂眼，眼睛颜色带深黑的，也是上品（3）。又有一种朱砂眼，眼睛里有细砂，红得像朱砂一样（4）。（七）

这文的顺序画出图来，恰如下所示。

$$\text{鸽}\cdots\cdots\text{一}\begin{cases}\text{二}\\ \text{三}(1)\begin{cases}(2)\\ \text{四}\end{cases}\text{五}\begin{cases}\text{六}\begin{cases}(1)\\ (2)\\ (3)\end{cases}(4)\\ \text{七}\begin{cases}(1)\begin{cases}(a)\\ (b)\\ (c)\end{cases}\\ (2)\\ (3)\\ (4)\end{cases}\end{cases}\end{cases}$$

凡事所记的事物非一见一闻就能明了，要从书籍上查考它的效用、构造、历史……的，都应该用这个方法来记述。

〔练习〕

（一）用下列材料作一篇"金字塔"的记事文：

（1）金字塔是五千年前埃及的古建筑，是国王的墓。

（2）金字塔中最大的，高四百八十尺，底的面积九万方尺，是世界上最大的建筑物。

（3）建筑的材料是瓦砖和花岗石。

（4）花岗石中最大的，重数百万斤。

（5）金字塔的里面藏着用木乃伊包被包裹的国王的死骸。

（6）金字塔的材料，有一部分是瓦砖，那么五千年以前就有瓦砖，是很明白的事。

（7）木乃伊在金字塔中多数室内的石棺中藏着。

（8）金字塔内有许多地下室。

（9）所谓木乃伊包被，是像皮布样的一种东西，用这包被包裹死骸，可以数千年不腐。

配列上的注意如下：

$$\text{金字塔}\cdots\cdots\text{全体}\begin{cases}\text{外部}\begin{cases}\text{花岗岩}\\\text{瓦砖}\end{cases}\\\text{内部地下室}\cdots\cdots\text{石棺}\text{——}\text{木乃伊包被}\end{cases}$$

（二）依前法就下题作比较精细的文字：

（1）我的家

（2）桃

第五节　文学的记事文

记事文虽以记述事物的状态、性质、效用，使人理解为主；但也有记述事物的美丑的一类，而不以使人理解为目的。前一类，称为科学的记事文，只是作者对于事物的认识的报告，比较偏于客观的，前几节所举的例都是。后一类称为文学的记事文，乃是表现作者对于事物的印象，主观的成份比较多。

例如以《月》为题，就有下面的两种作法：

（一）月是星体中最和人相近的。在天空中一面绕着地球转动，同时随了地球绕太阳而行。它和地球一样，还有自转。它的自转和绕着地球转动，都大约是二十七日又零一周，所以地球上的人只能和它的大部分相见。月上也有山，山岭最高的约二万六千尺至一万七千尺；如阿奔那尼（*Apennines*）一山，壁立雄峻的奇峰竟有三千多个。它的本体原是黑暗的，只是反射太阳的光以为光。太阳照着的部分全向地球的时候，看去很圆，这叫做"望"。太阳不照着的全黑的部分向着地球的时候，叫做"晦"。太阳照着的和没有照着的各有一部分向着地球的时候，叫做"弦"。

（二）窗外好像水国，近的屋，远的山，都用不很明白的轮廓，画在空中。屋角树林的下面，晕着神秘的色光。熄灯以后，月光闯入室内，在床上铺着一条青黄色的光带。夜静了，不知哪里来的呜咽幽扬的笛声，还隐约地在枕上听得。

上面的第一篇，读了虽然可以得到关于月的状态和性质的知识，却不能感到月色的美感和月夜的情趣；这便是科学的记事文。第二篇，却恰好相反，只能给读者以月色的美感和月夜的情趣，至于月的性质和状态，却一点不曾写到；这是文学的记事文。

作文学的记事文须观察经验，对于材料选择和整理，与作科学的记事文一样。除了这些条件以外，还须特别注意下列各项：

（1）想象　因为文学的记事文，是表现作者所得的印象，所以在记述事物以前，必须将要表现的印象重现于心中，然后执笔。

即如前例关于"月"的文字，内中都是作者曾经目见过的光景，不是凭空假造的。在作这文时，只是将旧有的印象一一在心中再现，然后依样记述。作这类的文字务必依自己所感受的记述，不可依赖成语来堆砌，如说到月，不可便用些"月白风清"、"月明星稀"之类的话。这是第一步功夫，也是最难的事；但惟其难能，所以可贵，能够做到，就不愧为作家了。

（2）注意特色　作文学的记事文，虽然要依作者自己所感受的记述，但局部的琐碎记述，不但不能使光景活现，并且不能使人得到所记述的事物的深刻的印象；所以必须捉住特色，舍弃其馀，任读者自己补足。例如记述人物,把他的眉毛、眼睛、鼻头都记上几百字,分裂、琐碎,令人看了就要莫名其妙,不能使所记的人物的状貌在读者心中活现了。现从小说中找几条例来看:

  第一个肌肤微丰,身材合中;腮凝新荔,鼻腻鹅脂;温柔沉默,观之可亲。第二个削肩细腰,长挑身材,鹅蛋脸儿,俊眼修眉,顾盼神飞,文采精华,见之忘俗。
——《红楼梦》第三回
  这马兵都头姓朱名仝,身长八尺四五,有一部虎须髯,长一尺五寸,面如重枣,目若朗星,似关云长模样,满县人都称他美髯公。……那步兵都头姓雷名横,身长七尺五寸,紫棠色面皮,有一部扇圈胡须,为他膂力过人,跳二三丈阔涧,满县人都称他做插翅虎。
——《水浒》第十二回
  她身材不甚高大,胸脯十分丰满……脸显得特别的白,这种样子真和久居家中闭户不出的人的脸色相同,仿佛番薯深藏地窖里所变成的颜色一般。她双手十分阔,却不很大;头颈从大衣领里透出来,显得又白又胖。在她那雪白光泽的脸上一双又黑又亮的眼睛不住的闪动,眼神虽然显出十分疲乏的样子,却还有活泼气象,内中有一只眼睛略为斜一点。
——《复活》第一章

这三个例，第一二个虽是旧式的描写法，但寥寥数言中，却能表出迎春和探春、朱仝和雷横的状貌。第三个，也足以表现一个堕落了而久居监狱的女子的神气。所以能够这样，就是捕捉了特色的缘故。

（3）抒述心情　要使所记述的事物在读者心中活跃，不但须记述客观的事物，还须记述主观的心情。换句话说，就是须记述从感觉上得来的印象。所以要作好的文字，非对于事物有锐敏的感觉不可。例如：

> 夏天的太阳已经下了山；跟着就要睡去的树林中，满了森然的寂寞；建筑用的大松的树梢上，反映着就快烧完的晚红，还带着些红光，下面却已经薄暗，带着些湿气了。好像从树林蒸发出来的又干又触鼻的香气，微微地可以闻得。从远山野火飘来可厌的烟气，夹杂在香气中，却分外地强烈，柔软的夜，不知在什么时候无声无响地落到地上了。鸟到太阳没落，也停止了声音，惟有啄木鸟还用了很倦怠的音调，在那里发梦呓似的单调的微音。

——《泥沼》

读了这段文章，那夏日傍晚松林中的一种蒸郁寂寞的景象，好像目见身历了。感觉在近代文学上有重要的地位，文字上能加入感觉，就有生气。与其说，"寒风吹着面孔"，不如说，"寒风刀刮似地吹着面孔"；与其说，"麦被风吹动"，不如说，"麦被风吹得浪一般地摇动"。因为后者比前者有生气，容易使读者得着印象。我国从来的文章都只记事物，不记情感，实是很大的缺点。

这里所应当注意的，就是所记述的感觉并不是故意加入的事。作者对于事物果能精密地观察，对于记述果能诚实不欺，心情和感觉自然会流露于笔端。如果只是将这一类的辞硬加上去，不但不好，而且可厌。旧式文章中，凡记述风景的时候，末尾常附加"诚胜地也"或"呜呼叹观止矣"之类的文句，记述悲惨的人事的时候，末尾必加"呜呼可以风矣"或"噫不亦悲夫"一类的文句。其实，是否"胜地"，能否算得"观止"，"可风"、"不可风"，"堪悲"、"不堪悲"，都要读者自己去领略的，不能由作者硬用主观的意见做命令式的强迫。因此这方法现在已不适用，特别在纯文学上不能适用。

（4）使用含着动作的词句　含着动作的词句，比较地容易引起读者的印象。例如：与其说："门前有小河，隔岸有高山"，不如说："门前流着小河，隔岸耸着高山"；与其说："海边有鹤"，不如说："海边有鹤飞过"。

不但这样，凡要表示事物，必须在事物有动作的时候，不可在它静止的时候。例如记述学校，必须记它授课或散课的时候；记述城市，必须拣它人马杂沓的时候；记述人物，必须在他言语动作的时候。例如：

大学生缓缓地懒懒地走着，将手掠着大麦的顶，叫天子和冠雀在他脚边飞起，又像石子一般地落在密生的大麦丛里。

——《诱惑》

太阳光正攻击着树林，从繁茂的顶叶上穿过，直用那温和的光亮射在白杨的树干上，竟使这些树干变成松树的干子一般，树叶也都变成蓝色。上面笼罩着蓝白的天，晚霞照着，带了点胭脂的颜色，燕儿高高的飞着，风儿几乎死去了；怠惰的蜜蜂懒洋洋睡沉沉在丁香花上飞着；白蚋虫成群的在单独的远延的树枝上打着旋。

——《父与子》

〔练习〕就下列各题作短文：

（1）春的田野

（2）元旦的上午

（3）秋的傍晚

第三章　叙事文

第一节　叙事文的意义

记述人和物的动作、变化，或事实的推移的现象的文字，称为叙事文。例如：

宝钗与黛玉等回至园中。宝钗因约黛玉往藕香榭去，黛玉因说还要洗澡，便各自散了。

——《红楼梦》第三十六回

（人的动作）

汽笛曼声的叫了。汽船画圆周，缓缓的靠近埠头去。

——《省会》

（物的变化）

叙事文原和记事文一样,同是记述事物的文字;不过记事文以记述事物的状态、性质、效用为主;而叙事文以记述事物的动作、变化为主。所以记事文是静的,空间的;叙事文是动的,时间的。例如:

(一)牵牛花有红的,紫的,颜色虽很美观,但少实用。

这是述说牵牛花的形状和性质的,是记事文。

(二)院里的牵牛花,红的,紫的,都很鲜艳地开了。

这是述说牵牛花的变化的,是叙事文。

第二节　记事文和叙事文的混合

文体的分类原只是为说明便利和作者自身态度不同,实际上并没有纯粹属于某种体裁的文字,记事文和叙事文虽因所记述的对象不同而有区别,在一篇关于事物的记述的文字中,总是互相混杂的。例如:"今天开了三朵牵牛花(叙事),一朵是红的,两朵是蓝的(记事)。"如果改成"今天一朵红的和两朵蓝的牵牛花开了",便是纯粹的叙事文（甲）；又若改为"今天开的三朵牵牛花，一朵是红的，两朵是蓝的"，就是纯粹的记事文了（乙）。因为（甲）的目的在使读者知道牵牛花的变化，而（乙）的目的在使读者知道牵牛花的状态。

总之叙事文和记事文，只是作者依旨趣和记述的对象不同，试将下例玩味其记叙混合的样子，就可更明白了。

　　翌晨，玛尔可负了衣包，身体前屈着，跛着脚，行入杜克曼布（叙）。这市在阿根廷共和国的新辟地中算是繁盛的都会（记），玛尔可看去，仍像是回到了可特准、洛赛留、培诺斯爱列斯一样（叙）。依旧都是长而且直的街道，低而白色的家屋。奇异高大的植物，芳香的空气，奇观的光线，澄碧的天空，随处所见，都是意大利所没有的景物（记）。进了街市，那在培诺斯爱列斯曾经验过狂也似的感想，重行袭来。每过一家，总要向门口张望，以为或可以见到母亲。逢到女人，也总要仰视一会，以为或者就是母亲。要想询问别人，可是没有勇气大着胆子叫唤。在门口立着的人们都惊异地向着这衣装褴褛满身尘垢的少年注视。少年想在其中找寻一个亲切的人，发他从胸中轰着的问话。正行走时，忽然见有一旅店（叙），招牌上写有意大利人的姓名。里面有个戴眼镜的男子和两个女人（记）。玛尔可徐徐地走近门口，振起了全身勇气问："美贵耐治先生

的家在什么地方?"(叙)

——《爱的教育·六千里寻母》

〔练习〕试将下文的叙事和记事的部分分析出来:

　　伊的避暑庄边有一个小小的丘样的土堆,汽船在这前面经过。每逢好天气,伊便走到那里,白装束,披着长的卷螺发,头上戴一顶优美的夏帽子。伊躺在丘上面,用肘弯支拄起来,将衣服安排好许多的襞积,卷螺发的小团子在肩膀周围发着光,而且那一只手,那支着脸的,是耀眼的白。在自己前面伊摊着一本翻开的书;但眼光并不在这里,却狂热的射在水面上。伊这样的等着伊的豪富的高贵的新郎,伊的幻想的目的。只要他在船上,他便应该看出伊在山上的了。他们看见而且感动而且赶到伊这里来,那只是一眨眼间的事。

——《疯姑娘》

第三节　叙事文的要素

　　照物理学的说法,一切的现象都含有四个要素:物质、能力、时间、空间。譬如"今天上午八点四十分火车从江湾开出"这一个现象,"火车"是物质,"开出"是能力的作用,"今天上午八点四十分"是时间,"江湾"是地方。叙事文既是记述现象的,所以也有四个要素:(一)现象的主体,(二)现象的演变,(三)现象发生的时间,(四)现象发生的场所。例如:

> 那日正当三月中浣,早饭后,宝玉携了一套《会真记》,走到沁芳闸桥那边桃花底下一块石头上坐着,展开《会真记》从头细看。正看到"落红成阵",只见一阵风过,树上桃花吹下一大斗来,落得满身满书满地皆是花片。宝玉要抖将下来,恐怕脚步踏践了;只得兜了花瓣来至池边,抖在池内。那花瓣浮在水面,飘飘荡荡竟流出沁芳闸去了。回来,只见地下还有许多花瓣。
> ——《红楼梦》第二十三回

这一段叙事文虽然很短,但是所有的要素都完全了;分列如下:

(一)主体　宝玉。
(二)事实　看《会真记》,收拾落花。
(三)时间　三月中浣某日早饭后。
(四)场所　沁芳闸桥。

第四节　叙事文的主想

叙事文和记事文一样，对于材料须有所选择。选择的标准，除记事文所说的"适切题目"和"注意特色"以外，还因文的目的而定。这个目的在叙事文中就是主想，大体有三类：

（一）以授与教训为主　例如传记等。

（二）以授与知识为主　例如历史等。

（三）以授与趣味为主　例如小说等。

因了主想的不同，材料选择取舍的标准也就不一样。即如要叙述岳飞的事迹，作第一类的叙事文，应当对于他的家教、性行、轶事、格言等详加叙述，而于他的生卒年月、生的地方、官职、战功等却用不着详说。作第二类的叙事文却恰好相反，生卒年月等应当详尽，家教、轶事等只得省略。至于作第三类的叙事文，不但材料的选择不同，并且叙述的方法也就相异。《少年丛书》中的岳飞是第一类叙法，《宋史》中的岳飞是第二类叙法，《说岳传》中的岳飞是第三类叙法。总括一句，第一类以善为主，第二类以真为主，第三类以美为主。

自然，这种分类不过是就概括的旨趣说，同一文字有兼两种色彩，或竟兼三种色彩的，不过多少总有所偏重；这偏重的地方，便是一篇文字重要的目的,也就是主想。

作叙事文的时候,材料搜集好了,就要确定主想。主想一定,然后将材料依主想来选择,与主想有关系的便取,无关系的就舍。但有一点须注意,就是同一材料应当取舍,不是材料本身的重要与否的问题,而是与主想的关系重要与否的问题。

例如以《夏日游海边记》为题,而主想是"这日很热,到了海边真凉快",假定全体材料中有下列各项:

(一)同行某君,他的父亲是个文学家。
(二)我坐了人力车到火车站。
(三)在车站买了车票,然后上车。
(四)火车逢站都停。

就一般的情形说,这种材料本身实不很重要,而于本文的主想的关系也不深,但如果还有别的材料相关联,因而发生重要关系的时候,却就都有用了。如文章像下面的时候,这种材料就用得着:

因为太热,并且我是病后,所以坐了人力车到车站(二)。好像我的车慢了,到车站的时候,车已要开,我就急忙买了车票,飞跑上车(三)。这部是慢车,每站都停,车中又热,烦躁极了(四)。同行某君是某文学家的儿子,很有文学趣味,一路和他谈论文学上的事,免了不少的寂寞(一)。

这样的叙述，所有好像不必要的材料都因了别的材料引到与主想关系重要的地位，就成为有用的了。反之如海边的人口若干，海边的故事、古迹等等，如无别的关联，就不是重要的材料。

〔练习〕就下列各题作文：

（1）游西湖记

（2）诸葛亮（参考《少年丛书》、《平民小丛书》等）

第五节　叙事文的观察点

叙事文所叙述的材料，不但是从作者自己经验得来，还有从别人的传说或书籍的记载得来的。材料的来处既然不一，或从甲面说，或从乙面说，当然不能一致。将许多材料连缀成文的时候，如果也这样混乱，文章就有头绪不清、不易了解的毛病。即以《三国志》一书而论，关于诸葛亮伐魏的事，有时说"丞相出师"，有时说"诸葛亮入寇"，就各段分开来看，固然没有什么不合的地方。但就作者陈寿一个人的笔下而论，一个是以蜀为主体，一个是以魏为主体，居然有两样的观察点，就未免不当了。叙事文的观察点，就是作者所站的地位，可分为三种。

（一）居于发动者一边　例如说"丞相出师"，就是以发动者的蜀为观察点的。

（二）居于受动者一边　例如说"诸葛亮入寇"，就是以受动者的魏为观察点的。

（三）居于旁观者一边　例如说"诸葛亮出师略魏"，就是以旁观者的地位为观察点的。

作叙事文须确定一种的观察点，全篇统一，不应摇动。通常的叙事文，以居于旁观者的地位的居多。但在旁观者的地位，作者对于各方面也要保持观察点的一致，不可随意变更。

（例一）

> 杨幺乘舟湖中，兵在楼上发矢石（1），官军仰面攻之，见舟而不见人，因而失败。岳飞下令伐君山的树为巨筏，塞满港汊，又用腐木乱草由上流放下，布置稳当，才和杨幺开战（2）。杨幺船遇了草木，轮不能鼓动，贼奔走港中，又被木筏所拒，因被牛皋捉着，诸贼皆降（3），果然八日就打平了（4）。
>
> ——《平民小丛书·岳飞》

这段本是以旁观的地位来记述的，却是观察点变了几次，（1）从杨幺方面，（2）从岳飞方面，（3）再从杨幺方面，（4）又从岳飞方面，逐条错乱，文字使人觉得繁杂不堪。若以杨幺方面为主改成下面的（一），或以岳飞方面为主改成下面的（二），那么文气就一致了。

（一）杨幺乘舟湖中，兵在楼上发矢石，使官军仰面来攻，见舟不见人，因而致胜。后来又和岳飞打仗，战船遇了岳飞从上流放下来的腐木乱草，轮不能鼓动；奔走港中，又被岳飞伐君山的树所作的巨筏所拒，就被牛皋捉着，部下皆降。

（二）官军因杨幺乘舟湖中，兵在楼上发矢石，仰面攻之，见舟而不见人，乃失败。岳飞下令伐君山的树为巨筏，塞满港汊，又用腐木乱草由上流放下，布置妥当，才和杨幺开战。草木既遇杨幺的船，使轮不能鼓动，逼之奔港中。而木筏又拒不令进。牛皋就将杨幺捉着，并招降诸贼。果然八日就打平了。

（例二）

紫鹃在屋里，不见宝玉言语，知他素有痴病，恐怕一时实在抢白了他，勾起他的旧病，倒也不好了；因站起来，细听了一听，又问道："是走了还是傻站着呢？有什么又不说？尽着在这里怄人！已经怄死了一个，难道还要怄死一个么！这是何苦呢？"说着，也从宝玉舐破之处往外一张。见宝玉在那里呆听，紫鹃不便再说，回身剪了剪烛花。忽听宝玉叹了一声道："紫鹃姐姐！你从来不是这样铁心石肠，怎么近来连一句好好儿的话都不和我说了？我固然是个浊物，不配你们理我；但只我有什么不是，只望姐姐说明了，哪怕姐姐一辈子不理我，我死了倒做个明白鬼呀！"紫鹃听了，冷笑道："二爷就是这个话呀！还有什么？若就是这个话呢，我们姑娘在时，我也跟着听俗了；若是我们有什么不好处呢？我是太太派来的，二爷倒是回太太去，左右我们丫头们，更算不得什么了！"说到这里，那声儿便哽咽起来，说着，又擤鼻涕。宝玉在外知他伤心哭了，便急的跺脚道："这是怎么说？我的事情。你在这里几个月，还有什么不知道的？就是别人不肯替我告诉你，难道你还不叫我说，教我憋死了不成！"说着，也呜咽起来了。

——《红楼梦》第一百十三回

这文中，除末了"宝玉在外，知他伤心哭了，便急的跺脚道：'这是怎么说？……'说着，也呜咽起来了"一段外，都是从紫鹃方面说的。如果把这段改为："只听得宝玉在外，好像知他伤心哭了，急的跺脚道：'这是怎么说……'说着，也呜咽起来了。"那就全体都是从紫鹃方面叙述了。

（例三）

从前阿拉伯地方，有一个养骆驼人家的儿子，名叫亚利，因为有要事要和他在斯哀治的父亲接头，骑了骆驼，带了水瓶，附队商出发。一路上队商彼此谈谈说说，亚利却只有自己的骆驼和他做朋友。他恨不得就看见他的父亲。

热带的太阳,火一样地照着沙漠。遇着难得的有树木和泉水的地方,大家就在此休息,解渴,再把水装满了水瓶,然后出发。夜了就在帐篷中住宿。

这样到了第四日,正午忽然起了大风,把砂吹得满天,走不来路,大家只得中止进行。后来风息了,砂也不飞了,却是出了一桩极大的困难,原来以前是依着骆驼的足迹走的,经过大风以后,骆驼的足迹如数消灭,方向也认不清楚,大家走来走去,总是找不出路来。这时候水瓶中的水已经完了,没法再得水,大家都弄得没有方法了(以上是从亚利一面说的)。

天夜了,队商中一人说:"如果明日还不能寻得有水的地方,那么只有把骆驼来杀掉一匹,吃它肚里的水了。"别一个见亚利奔波以后倦睡了,便说:"与其杀别个的骆驼,还是杀那小儿亚利的吧。"这样二人在那里商量(观察点转到队商方向去了)。

亚利倦睡中,听见有人说他的名氏,便仍装了睡着的样子细听。听得二人在那里商量要杀他的骆驼,大惊,他想:"如果与他们同伴,骆驼就要被他们杀死。"不能再犹豫了,等到他们睡熟,就偷偷地把骆驼牵出,骑着逃了。

天上照耀着无数的星。亚利因他叔父的平常指示,略晓得关于星辰的事情,大略地知道何星在南,何星在北,他凭着了他这点的知识,定了一个方向,鞭着骆驼前进。

在这样试探方向的当中,天渐渐地亮了;忽见砂上有骆驼新行过的足迹。亚利得了这骆驼足迹的帮助,一直向南走,到了傍晚,隐约地看见前面有火光,急上去看,见有一群队商,在那里张幕野宿,亚利即从骆驼跳下,和他们讲自己受困的情形,请求他们和他同伴(观察点又转到亚利方面来了)。队商听了亚利的告白,大家都感动起来,允了亚利的要求(观察点转到队商方面去了)。在斯哀治的父亲,早几天就晓得亚利要来,等得不耐烦起来了,恰好有还乡的朋友,就同伴回来,想在路上碰见亚利(观察点转到亚利父亲方面去了)。

亚利得了新同伴,就安了心,忽然听得许多骆驼的足音,见又有一群旅客从南方来了。这群旅客之中,有一个就是他的父亲,亚利意外地得着父子相遇,不觉悲喜交集了!

亚利和父亲无恙归家,把路上一切始末,详告他的母亲(观察点又转到亚利方面来了)。

亚利的母亲自从送亚利出门以后,心中怀着各种的忧虑,听了亚利的话就很欢喜,称赞亚利的勇气(观察点转到亚利的母亲方面去了)。

这篇文字,观察点变动了好几次,如果要专从亚利方面说,那末第四段以后的文字应该改作如下:

天夜了，亚利奔波以后，正倦睡着，忽然从睡梦中听见同伴队商的话声，一人说说："如果明日还不能寻得有水的地方。那么只有把骆驼来杀掉一匹，吃它肚里的水了。"又一人说："与其杀别个的骆驼，还是杀那小儿亚利的吧。"

亚利听了这一番话，心里想道："如果与他们同伴，骆驼就要被他们杀死，不能再犹豫了！"于是等到他们睡熟时候，就偷偷地把骆驼牵出骑着逃了。

天上照耀着无数的星，亚利因他叔父平日的指示，略晓得关于星辰的事情，大略地知道何星在南，何星在北，他凭着了他这点的知识，定了一个方向，鞭着骆驼前进。

在这样试探方向的当中，天渐渐地亮了，忽见砂上有骆驼新行过的足迹，亚利得了这骆驼足迹的帮助，一直向南走；到了傍晚，隐约地看见前面有火光，急上去看，见有一群队商，正在那里张幕野宿。亚利急从骆驼跳下，和他们讲自己受困的情形，请求他们和他同伴。亚利的告白很感动了队商，他的请求也被他们许可了。

亚利得了新同伴，正安着心，忽然听得许多骆驼的足音，见有一群旅客从南方来了。这群旅客之中，不料有一个就是他的父亲，后来晓得他父亲在斯哀治早知亚利要来，等得不耐烦起来了，恰好有还乡的朋友，就同伴回来，想在路上碰见亚利的。亚利意外地得着父子相遇，不觉悲喜交集了。

第三章　叙事文

亚利和父亲无恙归家，把路上一切始末，详告他的母亲，他的勇气大被母亲称赞。

这样改作以后，观察点一致，文字就一气，不犯繁滞的毛病了。叙事文原是把事件来展开使人看的，性质好像戏曲。观察点的变动，就是戏曲中幕的更动，戏曲中幕不应多变，叙事文的观察点也不应多变。

叙事文因观察点不同，对于同一材料，可作成各方面的文字。这步功夫，在学作叙事文上很是重要。有这样功夫的作者，对于一件事就能理解要从哪方面叙述才省事。

〔练习〕下面的例，是以旁观者的态度作的文字。试置观察点于裁判官方面，把它改作成一篇裁判官写给朋友的信。

有一位富人，向朋友讨债。这位朋友说并不曾借钱，想把债赖了。富人不得已，诉诸法庭。裁判官问原告："你在何处借钱给他？"原告回答说："在某处大树下。"裁判官说："那么要叫大树来做证人了。"就命法吏执行召唤证人的手续。停了一会，裁判官对着表，独自说："证人就快来了。"这时被告不觉自语道："从这里到那棵大树，有六七里路，恐怕没有这样快吧！"裁判官听了这话，就说："你晓得大树所在的地方，这就是你曾经受过钱的证据。"于是把这案判决如下：

"被告曾经向原告借钱，已自身证明，因此，被告应该把钱还给原告。"

第六节　观察点的变动

照前节所说，叙事文的观察点不应变更，使文气一致而不散漫、冗繁。但这只是一般的原则，在长篇的或复杂的叙事文，要将各方面的情形都表现得适当，却不得不变动。大概，事实的间接叙述比直接叙述不易生动，所以在两件或多件事实有相同的重要，而只从一个观察点出发要将各方面都表现出来又非常困难时，观察点就不得不变动了。例如：

亲家再三不肯，王玉辉执意，一径来到家里，把这话对老孺人说了。老孺人道："你怎的越老越呆了！一个女儿要死，你该劝他，怎样倒叫他死？这是什么话说！"王玉辉道："这样死，你们是不晓得的。"老孺人听见，痛哭流涕，连忙叫了轿子去劝女儿了。

王玉辉在家依旧看书写字，候女儿的消息。

老孺人劝女儿，哪里劝得转，一般每日梳洗，陪着母亲坐，只是茶饭全然不吃。母亲和婆婆着实劝着，千方百计，总不肯吃，饿到六天上，不能起床。母亲看着伤心惨目，痛入心脾，也就痛倒了，抬了回来，在家里睡着。又过了三日，二更天气，几个火把，几个人来打门，报道："三姑娘饿了八日，在今日午时去世了！"

——《儒林外史》第四十八回

这段文的目的，虽是在写出一个中了礼教的毒的人为虚荣忍心看着自己的女儿饿死；但王玉辉、老孺人和他们的女儿三个人的情况，都同样重要。并且，假定从王玉辉一方面叙述，那么老孺人劝女儿和女儿未死前的各种事情都无从表现，或难于表现；就是从别一方面叙述，也同样地不能周到。在这种时候，观察点虽变动了好几处，也是应当的。

叙述一件事，哪几方面的关系重要，以及哪些应当表现，哪些不应当表现，全依事件的性质，由作者自己的意见去判断，没有一个简明的标准。凡是有剪裁功夫的作者，当然能够得到这种标准的。上面所举的例，也可以说是有剪裁功夫的。

第七节　叙事文的流动

叙事文的对象是事物的现象的展开，这展开的情形被叙述成文字的时候，就成了文字上的流动。现象的展开不止，文字的流动也就仍然继续,所以流动是叙事文的特色。

一件事的展开虽有一定的速度,但叙述这件事的文字,它的流动却有快慢。将事件展开的情况绵密地叙述,把事件中各方面详细地描写的,是慢的叙事文;只述事件的概要,和其中各方面的大意的,是快的叙事文。例如:

宋江起身净了手,柴进唤一个庄客,提碗灯笼,引领宋江东廊尽头处去净手,便道:"我且躲杯酒。"大宽转穿出前面廊下来,俄延走着。却转到东廊前面,宋江已有八分酒,脚步趔了,只顾踏去。那廊下有一个大汉,因害疟疾,当不住那寒冷,把一锹火在那里向。宋江仰着脸,只顾踏将去,正趾在火锹柄上;把那火锹里的炭火都掀在那汉脸上。那汉吃了一惊,惊出一身汗来。那汉气将起来,把宋江劈胸揪住,大喝道:"这是什么鸟人!敢来消遣我?"宋江也吃一惊,正分说不得,那个提灯笼的庄客慌忙叫道:"不得无礼——这位是大官人最相待的客官!"那汉道:"'客官',我初来时也是客官!也曾最相待过!如今却听庄客搬口,便疏慢了我,正是'人无千日好!'"却待要打宋江,那庄客撇了灯笼,便向前来劝。正劝不开,只见两三碗灯笼飞也似来,柴大官人亲赶到说:"我接不着押司,如何却在这里闹?"那庄客便把趾了火锹的事说了一遍。柴进笑道:"大汉,你不认得这位奢遮的押司?"那汉道:"奢遮杀,问他敢比得我郓城宋押司,他可能?"柴进大笑道:"大汉,你认得宋押司不?"那汉道:"我虽不曾认得,江湖上久闻他是个及时雨宋公明——是个天下闻名的好汉!"柴进问道:"如何见得他是天下闻名的好汉?"那汉道:"却才说不了,他便是真大丈夫,有头有尾,有始有终!我如今只等病好时,便去投奔他。"柴进道:"你要见他么?"那汉道:"不要见他说甚的?"柴进道:"大汉,远便十万八千里,近便只在面前。"柴进指着宋江便道:"此位便是及时雨宋公明。"那汉道:"真个也不是?"宋江道:"小可便是宋江。"那汉定睛看了看,纳头便拜,说道:"我不信今日早与兄长相见!"宋江道:"何故如此错爱?"那汉道:"却才甚是无礼,万望恕罪,有眼不识泰山!"跪在地下哪里肯起来?宋江忙扶住道:"足下高姓大名?"

——《水浒》第二十一回

这是慢的叙事文。

宋江因躲一杯酒,去净手了,转出廊下来,趿了火锨柄,引得那汉焦躁,跳将起来,就欲要打宋江。柴进赶将出来,偶叫起宋押司,因此露出姓名来。那大汉听得是宋江,跪在地下哪里肯起?说道:"小人有眼不识泰山,一时冒渎兄长,望乞恕罪。"宋江扶起那汉问道:"足下是谁?高姓大名。"

——《水浒》第二十二回

这段所叙的事实和前段相同，只是简单得多，这是快的叙事文。

快的叙事文，以叙述事件的轮廓为目的；慢的叙事文，以叙述事件的情况为目的。两者的分别，正和中国画的写意画和工笔画相同。大体说来，小说属于慢的一类，历史属于快的一类。莎翁的剧本是慢的，兰姆兄妹所作的《莎翁乐府本事》就快了。《三国志》是快的，《三国演义》就慢了。

第八节　叙事文流动的中止

叙事文的特色既然在流动，所以不但这流动须快慢适当，还须慎防中止。所谓流动中止，就是由时间的、动的叙事文，突然转到冗长的、空间的、静的记事文；或插入说明，使动态一时停滞。
（例一）

原来王夫人时常居坐宴息亦不在这正室，只在东边的三间耳房内，于是老妈妈引黛玉进东房来。临窗大炕上铺着猩红洋毯，正面设着大红金线蟒引枕，秋香色金线蟒大条褥。两边设一对梅花式洋漆小几；左边几上文王鼎，匙，箸，香盒，右边几上，汝窑美瓟，内插着时鲜花卉，并茗碗，茶具等物。地面下西一溜四张椅子上都搭着银红撒花椅袱，底下四副脚踏；两边又有一对高几,几个茗碗花瓶俱备;其余陈设,不必细说。

——《红楼梦》第三回

这段文中,除了第一句是叙事文以外,流动全然中止,以后都成了王夫人房中的记事文。若非把这一大节叙上不可,应当将所记的情况都改成由黛玉眼中看出的,而将末了"其余陈设,不必细说"的话删去,那么流动就没有停滞了。

(例二)

> 蒋门神见了武松心里先欺他醉,只顾赶将入来。说时迟,那时快;武松先把两个拳头去蒋门神脸上虚影一影,忽然转身便走。蒋门神大怒抢将来,被武松一飞脚踢起,踢中蒋门神小腹上,双手按了,便蹲下去。武松一踅,踅将过来,那只右脚早踢起,直飞在蒋门神额角上,踢着正中,望后便倒。武松追入一步,踏住胸脯,提起这醋钵儿大小拳头,望蒋门神头上便打,(原来说过的,打蒋门神扑手:先把拳头虚影一影,便转身,却先飞起左脚;踢中了,便转过来,再飞起右脚;这一扑有名,唤做"玉环步,鸳鸯脚"。——这是武松平生的真才实学,非同小可!)打得蒋门神在地下叫饶。

——《水浒》第二十八回

这段文中,括弧内的话都是作者所加的解释,这种说明加到叙事文中，也是使流动停滞的原因，若删去了，流动便连续不断，极有生趣。

第九节　叙事文流动的顺逆

　　叙事文是把事物的变化来展开的，所以流动的方向也有两种：第一种，照那变化自然的顺序，依次叙述，这是顺的；第二种，因为要叙明变化的前因后果，或并行的事件，不能全然依照自然的顺序而要有所颠倒，这是逆的。例如：

　　　　天气很冷，天下雪，又快要黑了，已经是晚上——是一年最末的晚上。在这寒冷阴暗中间，一个可怜的女孩光着头，赤着脚，在街上走。伊从自己家里出来的时候，原是穿着鞋，但这有什么用呢？那是很大的鞋，伊的母亲一直穿到现在，鞋就有那么大。这小女孩见路上两辆马车飞奔过来；慌忙跑到对面时鞋都失掉了。一只是再也寻不着，一个孩子抓起那一只，也拿了逃走了。他说：将来他自己有了小孩，可以当作摇篮用的。所以现在女孩只赤着脚走，那脚已经冻得全然发红发青了。在旧围巾里面，伊兜着许多火柴，手里也拿着一把，整日没有一个人买过伊一点东西,也没有人给伊一个钱。

——《卖火柴的小女孩》

今年盐政点的是林如海。这林如海姓林名海,表字如海,乃是前科的探花;今已升兰台寺大夫,本贯姑苏人氏;今点为巡盐御史,到任未久。原来这林如海之祖曾袭过列侯,今到如海,业经五世。起初只袭三世,因当今隆恩盛德,额外加恩,至如海之父又袭一代,至如海便从科甲出身。

——《红楼梦》第二回

这两例中有好几处是逆行的。逆行虽有不得不用的时候,初学的人却宜注意,大概在普通的叙事文是用不到的。

〔练习〕

(1)试将读过的叙事文,举两个观察点变动的例。

(2)试将读过的慢的叙事文举出一篇改成快的。

第四章 说明文

第一节 说明文的意义

解说事物，剖释事理，阐明意象；以便使人得到关于事物、事理或意象的知识的文字，称为说明文。例如：

一旁是字的形，一旁是字的声，所以叫做形声。
——《中国文化的根源和近代学问的发达》

科学的起源，不是偶然发见的，因为人类是有理性的动物，有种种心理的根据，所以发生科学。
——《科学的起源和效果》

说明文的性质，有时好像和科学的记事文相同，有时又好像和叙事文类似；其实全不一样。

说明文和科学的记事文有什么区别呢？最重要的一点，就是对象的范围不同。科学的记事文虽也是以记述事物的状态、性质、效用为主；但以特殊的范围为限，是比较具体的；说明文以普遍的范围为对象，是比较抽象的。如第二章第一节所举的例，第一个是记述一枝梅花的状态，第二个是记述屋内一部分的陈设，第三个是记述一个人的性质。范围既狭，所记述的也比较具体，使人读了自然可以就得到那些知识。但若要讲到"植物""房屋的构造"和"人类的通性"等一般的事实，以及抽象的事理如"文学的意义""实验主义"等，范围就扩大得多，不是记事文所能胜任的了。

说明文和叙事文的分别比较容易。关于事实的说明，对象虽和叙事文相同，但形式全然相异。如"今天上午八点四十分火车从江湾开出"，是叙事文的形式；而"火车从江湾开到上海是在今天上午八点四十分"，便是说明文的形式。还有一个区别，叙事文可带作者主观的色彩，说明文却不许可。

第二节　说明文的用途和题式

说明文本来是用较浅近明了易于理解的文字去解明事物或事理，使它的关系明了，范围确定，意义清晰，给人以关于该事物或事理的普遍的正确的知识，所以用途很广。教师的讲义，科学的教科书，大半是说明文，固不必说；就是学术上的定义，字典上的解释，古书上的注解，事实真象的传达，凡足以使人得到明确的观念和理解的，都要用到说明文。

说明文的题式通常有疑问式和直述式两种：

（一）疑问式

（甲）书籍是什么？（乙）何谓文学？（丙）科学怎样起源的？

（二）直述式

（甲）书籍；（乙）文学；（丙）科学的起源。

在古文中还有用"说"字或"原"字加到题上的，如"士说"、"原君"之类；但文中多羼入议论，所以不能因题式而判断文体。

第三节　说明文的条件

说明文最简单的形式，就是单语的定义；复杂的说明文，无非是单语的定义的集合和它们的引申。先就单语的定义来讨论。

例如，"人是有理性的动物"是规定"人"的意义的，就是用

"有理性的动物"六个字合起来说明"人"的概念。在这六个字中，又可分成两部分：一，"动物"；二，"有理性的"。"动物"是"人"所属的类；"有理性的"是"人"在所属的类中所具的特色，就是"人"和所属的类中的其他东西相差的地方，论理学上叫做种差。所以最简单的说明文的形式是：

　　类 + 种差

但说明文只是这样简单，通常就不能使人明了，非更详尽不可。因为说明文所说明的既不一定简单，而又是对于未知某事物、某事理的人才有作的必要，所以作法上必须的条件便须加多，共有六个，分说如下：

（一）所属的种类　为了要使所说明的事物和其他关系较远的事物分离，所以须述它所属的种类；如要使"人"和植物、矿物等分离，就先说他是动物。又以"书籍"和"书信"为例：

　　（甲）书籍是印刷物。
　　（乙）书信通常是手写的。

（二）所具的特色　将所属的种类虽已叙述而能使它和其他关系较远的事物分离，但还要使它和关系较近的同属于一类的分离，所以必须叙述它的特色；如要使"人"和一切别的动物分离，必须叙述他的特点——"有理性的"。

（甲）书籍是预备永久保存，给多数人看的。

（乙）书信是处理一时的事情，代谈话用的。

（三）所含的种类　因要内容明了，使人更易理解，而且理解的内容更充实，所以将事物所包含的种类叙述也是必要。但分类原须有一定的标准，所以叙述分类须将所用的标准同时叙出。

（甲）书籍在版本上，有刻版的、铅印的；在装订上，有洋装的、中国装的；在文字上，有洋文的、中文的；在内容上，有关于文学的、关于科学的、关于哲学的等等分别。

（乙）书信因所述事件的关系人的多少，有公信和私信的分别。

（四）显明的实例　文字内将显明的实例举出，则愈加明了。

（甲）英文教科书是洋文的，国语教科书是中文的……

（乙）例如学校通知书和致全体同学书，是公信，问候某君的信是私信。

（五）对称和疑似　单从事物的本身直述，往往不易明了；所以若将对称的，即同属于一类而不是同种的，或疑似的，即好像同种而实不同的事物对照述说，更可使该事物明白显出。学术上的名词大概有对称的,通俗的事物多半有疑似的。

植物是生物中不属于动物的一部分。(对称)

习字纸也是用笔写的,但不以代谈话为目的,所以不是书信。(疑似)

(六)语义的限定　语义因使用而多分歧,作说明文时,如果遇到容易误解的时候——如古语新用之类——非特别加以限定不可。例如:

共和是国家主权在全体人民,行政首长也由人民选出的一种国体,不是周召共和的共和。

上述各项,是说明作文法上的要件,现在以"文学"为题应用各要件,示范如下:

文学是一种艺术(一),换句话说,就是以文字做成的艺术(二)。纯粹的文学通常不以日用为目的(五),因体裁上有小说、诗歌、戏曲等分别(三)。《红楼梦》是小说,《长恨歌》是诗歌,《西厢记》是戏曲(四)。

文学不是普通的文字,也不是科学(六)。韩愈的《原道》,王船山的《读通鉴论》等,不是文学。物理学讲义,化学教科书等，也不是文学（四）。

我国古来，凡是文字都称文学，但是现在的所谓文学完全是小说，诗歌，戏曲的总称，和从前的意义是不同的（六）。

第四节　条件的省略

说明文原是为未知某事物的人作的。在繁复的说明文，要正确、明晰，固应具备前节所述各条件，但遇某部分确已非常明了的时候，也可以省略。

（1）普通的省略　　容易明了而不至误解的事物，或只以使人知道一个概要的，都可以只说大概。例如：

（甲）国家是人类社会组织之最大形体，包容一切社会生活。

——《新学制公民教科书》第一册第六章

（乙）国家是人类为满足需要兴趣而组织的团体，社会也是人类为满足需要兴趣而组织的团体，目的大概相同。但是社会只有人与人的关系，和人所在的土地无关，所以社会成立不限定要占据一定的疆土。人民如果没有一定的疆土，便不能成为国家。

——《政治学大纲》第四章第三节

（甲）和（乙）同是关于国家的说明，（乙）是详细、绵密的说法，（甲）是省略的说法。专门科学的文字都是（乙）类，通常的文字和口头的谈话以（甲）类为多。

（2）因比较而省略　　利用读者所已知的事物，两相比较以说明的时候，和已知事物相同的条件，就可省略，这是常用的省略法。例如：

星云和一团云差不多，微亮，挂在空中，极像一缕烟。

日本人民受军阀的苦痛，也和我国一样。

这是利用读者已知的"云"和"烟"来说明"星云"，利用读者已知的"我国军阀的横暴"来说明日本的军阀的。这种方法很有效用，所要注意的就是比拟要恰当，不然，一样地容易引起误解。

〔练习〕试依所讲法则，就下题作说明文：

（1）偶像

（2）革命

（3）山

（4）学校

第五章　议论文

第一节　议论文的意义

发挥自己的主张，批评别人的意见，以使人承认为目的的文字，称为议论文。

记事文是记述事物的状态、性质的，叙事文是叙述事物的变化的，议论文和它们截然不同，很是明显，最易混同的就是说明文。

说明文关于剖释事理的部分，和议论文很有容易混淆的地方。因为对于一事的内容，真是说得极详尽，那么它的价值怎样？我们对于它应持的态度怎样？都可不言而喻，用不到再加议论了。例如：把"社会主义"的意义、功用、优劣等都说到详尽无馀，那么社会主义的可行不可行自然非常明了。又如：将"教育"的含义尽量发挥，那么教育应该怎样？人人应否受教育？也自然可以不必再说，就很明白。

照这样说来，议论文和说明文不是没有差别了吗？这又不然，第一是目的不同。说明文的目的是在使人有所知，议论文不但要使人有所知，还要有所信。

第二是性质不同。试就两者的题式看就可明了。说明文大概用单语为题，如"社会主义""教育"之类。议论文则用一个命题为题，如"社会主义可行于中国""教育为立国的根本"之类。一般议论文的题目，虽也有只用单语的，如"男女同学论"、"孔子论"等，但不过是形式的省略，若从文章的内容去考察，便知仍是一命题。因为文中不是主张"男女应当同学"，便是主张"男女不应当同学"，不是说"孔子之道已不适于中国"，就是说"孔子之道仍当遵从"。议论文的题目原是文章的根本主张的概括的缩写，所以表面虽是单语，内容依然是命题。

第三是态度不同。说明文比较地偏于客观的，所以虽有时因各人的见解不同，不能人人一致，也有敌论者，但作者并不预计的。议论文却恰好相反，实际上虽未必就有人反对，作者心目中概假定有敌论者立在前面。因为若一切都成了定论，和数学上的公式一样，本来就无议论的必要了。"男女同学"所以还有议论的必要，正因有人主张也有人反对的缘故。

议论文虽和说明文不同，但议论文中用说明文的地方很多。因为没有说明做基础，判断很不容易下，例如要主张"男女应当同学"，那么教育的意义和男女的关系等，都非先加以说明不可。试就下例玩味一下就更可明了了：

　　……但是到了现在，关于女子和文学的观念全然改变了。文学是人生的或一形式的实现，不是生活的附属工具，用以教训或消遣的；它以自己表现为本体，以感染他人为作用。它的效用以个人为本位，以人类为范围。女人则为人类一分子，有独立的人格，不是别的什么附属物。我们在身心状态的区别上，承认有男子女子与儿童的三个世界，但在人类之前都是平等。与男女的成人世界不同的儿童，世间公认其一样的有文学的需要，那么在女子方面这种需要自然更是切要，因为表现自己的与理解他人的情思，实在是人的社会生活的要素；在这一点上，文学正是唯一的修养了。

　　　　　　　　　　　　　　　　　——《女子与文学》

第二节　命题

　　断定用言语或文字表示出来称为命题。议论文实际上就是对于所提出的命题所给的证明——有必要的时候，还加上相当的说明——所以命题是议论文的根本。命题是一个完全的句子（sentence），但一个完全的句子除了表明语句（indicative）外，

第五章　议论文

疑问语句（interrogative），命令语句（imperative）、愿望语句（optative），惊叹语句（exclamatory）都不是命题，因为所表示的都不是一个断定，用不到证明。

命题从性质上说，有肯定和否定两种。

（甲）竞争运动应该废止——肯定命题
（乙）竞争运动不应该废止——否定命题

在理论上只有这种形式的句子可以作为议论文的题目，但实际上常有不照这样直写的，（甲）、（乙）二项，可有下列各种格式：

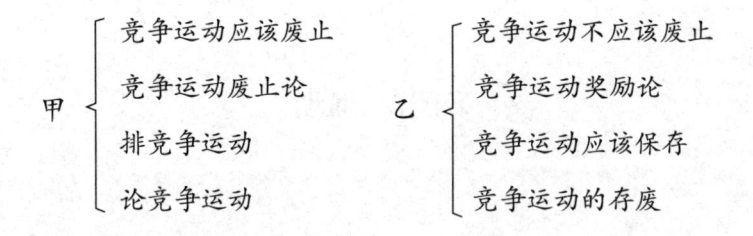

甲 { 竞争运动应该废止
　　 竞争运动废止论
　　 排竞争运动
　　 论竞争运动

乙 { 竞争运动不应该废止
　　 竞争运动奖励论
　　 竞争运动应该保存
　　 竞争运动的存废

论题本应是一个命题，就是一个完全的表明语句，但题目除表示论文的主旨外，有时还含有刺激读者的作用。所以如："女子不该参政吗？""文化运动不要忘了美育！""异哉所谓国体问题！"等形式的题目都有；但实际上不过是从"女子应当参政"、"文化运动应当注意美育"、"非国体问题"变化出来的。

作议论文的第一步，就是认定自己所要提出的命题。命题确定了，然后加以证明。所要注意的就是保持论点，不要变更，使议论出了本命题范围以外。例如"论莎士比亚的文学"，应当只从文学本身立论，不应该牵涉他幼时窃羊的事情。要排斥耶稣的教义，应当从他的教义本身下攻击，不应该说他是私生子。因为文学和作者的幼时道德各不相关，教义的好坏和立教者的是私生子、非私生子毫无关系。如果要牵涉，就应当先证明两者的关系；必要使人承认幼时道德不好的，长大了也无好文学；私生子不能成伟大的宗教家，然后议论才立得住，不然总是谬论。这种毛病在批评别人的主张的时候较多，往往以攻击私人为压倒对手的武器。其实就是对手因为私德上受指斥不敢再答辩，也不是他的主张失败的证据。

第三节　证明

命题既经认定，就应当加以证明，证明可分两种。
　（一）直接证明　即是对于一种主张，找出积极的理由来证明。例如：

　　　孟子曰："不仁哉梁惠王也！仁者以其所爱，及其所不爱；不仁者以其所不爱，及其所爱。"公孙丑曰："何谓也？""梁惠王以土地之故，糜烂其民而战之；大败，将覆之，恐不能胜，故驱其所爱子弟以殉之。是之谓：以其所不爱，及其所爱。"

——《孟子·尽心》

这篇的主旨是说梁惠王不仁，而用"以其所不爱，及其所爱"的事实来证明。

（二）间接证明　就是所谓反证，对于一种主张，先证明对方面的谬误，使自己所说的牢固。例如：

……孟子曰："世俗所谓不孝者五：惰其四支，不顾父母之养，一不孝也；博弈，好饮酒，不顾父母之养，二不孝也；好货财，私妻子，不顾父母之养，三不孝也；从耳目之欲，以为父母戮，四不孝也；好勇斗狠，以危父母，五不孝也：章子有一于是乎？"

——《孟子·离娄》

这篇的主旨是说匡章是孝子，而用他没有不孝的事实来证明。大概，发表自己的主张，不能不有直接的证明；反驳他人的议论，间接证明最有用。例如，有人主张"足球应当废止"，他所持的理由是"足球危险"，就可用间接证明法反驳如下：

足球危险，不错。但是，世间危险的事情很多，火车也危险，飞机也危险。如果因为危险就应当废止，那么，火车、飞机也应当废止了；这是很不合理的。

用这种反驳法应当要注意对手的论点变更。若主张"足球应当废止"的人，因为这个驳议而声明说："火车、飞机虽危险，但有用它们的必要，非足球可比的。"他的根据已全然变更了，最初的理由是"足球危险"，后来的理由是"足球危险而且非必要"，所以应当认为新论。

第四节　演绎法、归纳法和类推法

演绎法、归纳法和类推法，是论证的基本方法。要知道详细，须求之于论理学，这里所讲的只是一个大概。

（一）演绎法　用含义比较广阔的命题做基础，来论证含义较狭的命题，这是演绎法。例如：

> 学校的功课都应当注意学习，——大前提
> 音乐是学校的功课，——小前提
> 故音乐应当注意学习。——断案

这是演绎法最基本的形式，通常称为三段论式；是用含义较广

的"学校的功课都应当注意学习"和"音乐是学校的功课"两个命题来证明"音乐应当注意学习"的命题。上列的顺序是论理上的通常的排列法,在文字或语言上,常有变更。试以上式为例:

（1）学校的功课都应当注意学习"的"（大），音乐"既"是学校的功课（小）；所以音乐"也"应当注意学习（断）。

（2）学校的功课都应当注意学习"的"（大），所以音乐"也"应当注意学习"呀"（断），"因为"音乐"也"是学校的功课（小）。

（3）音乐"既"是学校的功课（小），学校的功课都应当注意学习"的"（大），音乐"也就"应当注意学习"了"（断）。

（4）音乐"既"是学校的功课（小），音乐"就"应当注意学习（断），"因为"学校的功课都应当注意学习"的"（大）。

（5）音乐应当注意学习"呀"（断），"因为"学校的功课都应当注意学习（大），音乐"也"是学校的功课（小）。

（6）音乐应当注意学习"的"（断），音乐"既"是学校的功课（小），学校的功课都应当注意学习"啊"（大）。

引号内的字是为句子的顺畅附加的，因为无论在文字上或语言上，常常还一定用很质朴的表明语句。大前提、小前提和断案不但

排列的顺序可以变更,常常还有省略。例如:

（1）学校的功课都应当注意学习（大），音乐"也"是学校的功课"呀"（小）！

（2）音乐"既"是学校的功课（小），音乐"岂不"应当注意学习"吗"（断）？

（3）学校的功课都应当注意学习"的"（大），音乐"就"应当注意学习"了"（断）。

（4）音乐"既"是学校的功课（小），"就"应当注意学习（断）。

（5）学校的功课都应当注意学习（大），音乐自然不是例外（断）。

只要意义能够明白,在文章上排列变更,要素省略都无妨。为了文章辞调的关系将命题的形式改换也是必要。但若要检查议论的正否,却须依式排列。例如:

（1）桀纣之失天下也,失其民也。

——《孟子·离娄》

（2）天子不能以天下与人。

——《孟子·万章》

（3）他不用功,故要落第。

第五章 议论文

这些议论若要施以检查,须将省略的补足,成一完全的三段论式如下:

(1) 失其民者失天下也,
　　桀纣失其民者也,
　　故桀纣失天下也。

(2) 天子不能以天下与人,
　　尧为天子,
　　故尧不能以天下与人(舜)。

(3) 不用功的学生都要落第,
　　他是不用功的学生,
　　故他要落第。

演绎法的议论,全以两前提做基础,所以如前提中有一不稳固,全论就不免谬误。如前例第三个论式:

不用功的学生都要落第,
他是不用功的学生,
故他要落第。

这论式中,大前提就不甚稳当,因为世间尽有天资聪明,不用功而可以不落第的学生。

世间原难有绝对的真理,所以就是论式各段都无误,也不是就没有辩驳的余地。不过各段的无误,是立论的必要条件,若没有这条件,议论的资格都没有了。

〔练习〕试把下列各议论补足成三段论式,并检查是否谬误:

(1) 试验使学生苦痛,故应废止。
(2) 我国有广大的土地,岂有亡国之理。

演绎法的两个前提原是立论的根据,假若对于一前提不易承认,还须别的三段论法,把这前提来证明。例如要论证"人类必须有教育"的一个命题,假定是用下列的论式:

人类须有知识,——小前提
知识由教育而得,——大前提
故人类必须有教育。——断案

这论式中的小前提实在是很有疑问的,所以必须再加以证明如下:

生存须有知识,——大前提
人类要生存,——小前提

故人类须有知识。——断案

倘使这论式中的前提还有疑问,那么非再加以证明不可;繁复的议论文大概就是由许多三段论法联合成的。

〔练习〕试补成下列的论式:

凡人因非全知全能,皆有缺点,故孔子虽圣人,也有缺点。

(二)归纳法　归纳法和演绎法恰好相反,是集合部分而论证全体的论法。例如,用演绎法证明"某人是要死的"。其论式如下:

凡人都是要死的,——大前提
某人是人,——小前提
故某人是要死的。——断案

这例中的大前提"凡人都是要死的"的一个命题是否真实,如果要加以证明,也可用下列的演绎法的论式:

凡生物是要死的,——大前提
人都是生物,——小前提
故凡人都是要死的。——断案

对于这个论式的大前提"凡生物是要死的"的一个命题，若还有疑问，须加以证明，那就不是演绎法所能胜任的，非用归纳法不可了。论式如下：

牛是要死的，马是要死的，羊是要死的，草是要死的，树是要死的……袁世凯死了，西施死了，我的祖父母死了……
牛，马，羊，草，树，……袁世凯，西施，我的祖父母……都是生物。
故生物是要死的。

这式的两前提都是以经验所得的部分集合起来，由此便得到"生物是要死的"的结论。

归纳法中有两个应当遵守的条件：

（一）部分事件的集合须普遍而且没有反例；

（二）有明确的因果关系。

这两个条件如果能满足一个，大概可以认为没有错误。用例来说：

（1）有角动物都是反刍动物。

在这例中，"有角"和"反刍"有没有原因结果的关系，这在现在的科学上还没有证明，所以不能满足第二个条件；但有角的动物如牛、如羊、如鹿等都是反刍的,并且没有反例,即有角而不是反刍的动物可以举出,这就满足第一个条件;而可认为正确的了。

(2)有烟的地方必定有火。

这例中的"烟"同"火"是有因果关系的,满足了第二个条件,所以就是不遍举事例,也可认为正确。

(3)文化高的国民都是白皙人种。

这例虽可举出英、美、德、法等国民来做例证,但有印度、中国等反例可举,不满足第一个条件。并且,明确的因果关系也没有,又不满足第二个条件。这样的归纳便是谬论。

最有力的归纳法,是第一、第二两个条件都能满足的;因为事例既普遍而无相反的例可举,原因结果的关系又极明了,自然不易动摇了。所应注意的,有无反例可举和人的经验有关系;就现在所经验的范围虽无反例,范围一旦扩大也许就遇见了反例;所以归纳法所得的断案常是盖然的。但原因结果的关系既已明确,就有反例可举也不能斥为谬论;这只是原因还没完全举出,或反例另有原因的缘故。例如:

居都市的人比居乡村的人来得敏捷。

这就是生活状况的不同，一是刺激很多，一是清闲平淡，可以将原因结果的关系说明的；虽有一二反例，必定别有原因存在，对于原论并不能动摇。

〔练习〕就下列各命题，广举事例且说明其因果关系：

（一）文化从海岸起始。
（二）卜不筮足信。
（三）健康为成功之母。

（三）类推法　根据已知的事例而推断相类的事例的方法，这是类推法。例如：

地球是太阳系的行星，有空气，有水分，有气候的变化，有生物。——已知的事例
火星是太阳系的行星，有空气，有水分，有气候的变化。——相类的事例
故火星有生物。——断案

类推法应用时须遵守下列的两条件：
（甲）所举的类似点，须是事物的固有性，而不是偶有性；
（乙）被推的事物须不含有与断案矛盾的性质。例如：

（1）孔子与阳虎同是鲁人，同在鲁做官；若依了这些类似点，因孔子是圣人就推断阳虎也是圣人，这便犯了第一个条件；因为这些类似点都是偶有性。

（2）甲乙二鸟，声音、大小、形色都相同。但乙鸟的翅曾受伤折断；若依类似点因甲善飞就推断乙也善飞，这便犯了第二个条件，因为翅的折断和善飞，性质是矛盾的。

〔练习〕

人披毡了则温暖，将毡子包冰，则冰反不易化。试就类推法说明。

第五节　证据的性质分类

判断一件事，总是以经验做根据，而依前节所举的方法找出证据来。由性质上，证据有种种的不同，分述如下：

（一）因果论　因果论又名盖然论，是根据了"同样的原因必生同样的结果"的假定，以原因证明结果。例如：

（1）某人平日品行方正（原因），这次的窃案大概和他没有关系（结果）。

（2）他作文成绩素来很好（原因），这次成绩不良，大概是时间局促的关系（结果出预想之外,因为别有原因的缘故）。

这都是因果论，普通所谓议论，大概是这类最多。因果论所以又名盖然论，就是因为这种议论并不是确切可靠的缘故。对于同一事件，往往可做正反对的因果论，即如前例的：

（1）某人平日品行方正（原因），这次的窃案大概和他没有关系（结果）。

对于这一个因果论也可做正相反对的第二个因果论：

（2）某人近来很穷（原因），或不得已而窃盗（结果）。

这两个因果论，可以同时发生，在这时候，要决定究竟哪一个成立，实是一件很难的事。就是能够证明某人真是渴不饮盗泉的丈夫，但仍不能将（1）确立而推翻（2），因为还有第三个、第四个乃至无穷个因果论可以发生。即如：

（3）某人的母亲病得很危险，他正因于医药费（原因），或竟至于窃盗（结果）。

这个因果论更为有力，某人品行既好，当然有孝行，对于母亲的病自是要想尽方法去医治；那么急不暇择，也是人情。

从这例看来，可知因果论是个确度很小的论法。所以用这个论法的时候，通常须用"大概"、"或"等推量的语气，万不可取断定的态度。

但因果论虽不是充足的可靠的议论，却是必要的、很有价值的。所以无论何种议论，至少非有一个因果论的证据不可。否则，即使别的证据很多，也不可靠。例如甲有杀乙的嫌疑时，假定有下列各种证据：

（1）乙被杀时，甲确不在家。
（2）甲家有带血迹的刀。
（3）甲的衣上有血。

这类的证据无论有多少，假定甲所以要杀乙的原因一点不明白的时候，依然毫不足凭，而不能据以断定甲是杀乙的。如果能求得下列的事实的一种或一种以上，那就可以认甲为杀乙的嫌疑者。所以仅一因果论的证据虽不足恃，若与别的证据联合起来，就成有价值的论法了。假定所得的事实如下：

（1）甲曾因金钱关系与乙有仇。
（2）甲和乙前几天曾打架而被打伤。

(二)例证论　　将和结论相同的事例引来做议论的证据,叫做例证论。例如:

(1)某人身体原很弱,因从事运动,今已健康(事例);所以运动是有益于健康的(结论)。

(2)甲学生很用功及了格,乙学生不用功落了第(事例);所以要及格非用功不可(结论)。

(3)投石于水,就沉下去,投木片于水,则浮在上面(事例);可知轻的东西是浮的,重的东西是沉的(结论)。

这都是例证论。例证论以部分来推全体,或以甲部分来推乙部分。前一种是归纳法的,归纳的法则应该严格遵守;后一种是类推法的,类推的规则切不可犯。除此以外还有几个条件应当特别注意:

(甲)人事和物理的不同　　前例中(1)和(2)是人事,(3)是物理。物理以物为对象,物质界是有普遍的法则可寻的,所以大概可以说有一定。甲石沉了,乙石也沉了,可以说凡石都要沉的;甲木浮起,乙木也浮起,可以说凡木都要浮起的。但人事界的现象却没有这样的简单。甲从事运动身体康健了,乙从事运动或反而生病;因为体质、情形都不一定相同,结果不一定同也是应该的。丙不用功幸而不落第,就以为不用功可以不落第;某人买彩票发财,就去买;某人的阿哥的学问好,就以为他的学问也好;这些谬误,都是一类。

（乙）"假定"不能做例证　例证须是事实，"假定"做不来例证。世间往往有以"假定"做例证而应用例证论的。例如：

（1）精神一到，何事不成（假定）；凡毕业颠沛流离的，都是精神不振作的缘故（结论）。

（2）他如果就了商业，已经可以做商店的经理了，何至穷得这样（假定）；所以读书不如经商（结论）。

（1）例中，事的成不成非做了以后才能晓得的；（2）例中，经商能不能就做商店经理，而不穷困，也要经了商才可知道的。只悬揣了一个假定，再从这假定立了脚来推论，即使常识上通得过去，总不可靠。

（三）譬喻论　譬喻论和例证论相似，不过例证论是引用和结论相同的事例做证据，譬喻论是引用和结论相似的事例做证据。例如：

（1）加热蒸汽机关，则机关运转，故热可转成运动。（例证论）

（2）像蒸汽机关的运转需煤一样，生物在生活上也需食物。（譬喻论）

譬喻论中所最要紧的，就是两方面的类似的关系。譬喻要得当，就是两方面中各自所存有的关系要有适当的关联。试就上例分解如下：

（1）蒸汽机关的转动要发热的东西（煤），故运动要有发热的东西。（归纳的例证论）

（2）运动要有发热的东西，故生物的运动（生活）也要有发热的东西（食物）。（演绎的因果论）

适当的譬喻，照上面的样子分解起来，例证论和因果论间一定有相当的可以存在的关系。假如其中有一式错误，譬喻论的全体也就要错误。今示误谬的例于下：

浙江人比湖南人好，好像浙江绸比湖南绸好一样。

这种譬喻论的谬误是谁都晓得的。所以谬误的原因在哪里呢？试分解一下就晓得了：

（1）浙江绸比湖南绸好，所以浙江的一切比湖南的一切好。（归纳的例证论）

（2）浙江的一切比湖南的一切好，所以浙江人比湖南人好。（演绎的因果论）

这二式中，（1）的例证论明明不合归纳的法则，事例既不普遍，因果关系也不明确，要举反例，不论多少都可以举出，如湖南的夏布就比浙江的好之类。（2）的演绎式的大前提既谬误，断案当然也靠不住了。就是分解起来，（1）的归纳式不错，而（2）的演绎式错了，也一样地靠不住。

检查譬喻论的方法除将它分解以外，还有一种，就是审察两面的关系类似不类似。就前例说："浙江绸"和"湖南绸"的关系，与"浙江人"和"湖南人"的关系全不类似。不类似的关系当然不能譬喻的。至于"蒸汽机关"和"煤"的关系，同"生物"和"食物"的关系，就是类似的了。

譬喻论，我国古来用的很多，现在也着实有不少的人用它，讥诈百出，最易使人受欺；大宜注意辨别。

〔练习〕试指出下列各譬喻论正否：

（一）国之有海军与陆军，犹鸟之有两翼，缺一不可。

（二）政府之不必使人民与闻政治，犹父母之不必问家事于子女。

（三）一矢易折，集数矢则难折；人也是这样，孤立易败，协力则无敌。

（四）符号论　符号论和因果论恰相反，因果论是从原因推证结果，符号论是从结果推证原因。例如：

（1）某人没有一定的职业，应当很穷。（因果论）
（2）某人到了严冬还穿夹衣，可见他很穷。（符号论）

符号论是以实际的形迹（符号）来证明所论的真确的。见学生上课时在讲堂中睡眠，说教师不能引起学生的兴味；见水的结冰，说大气的温度在冰点以下；见日本打胜了俄国，说日本比俄国文明程度高；这都是符号论。通俗所谓"理由"的，大概是因果论；所谓"证据"的，大概是符号论。

因为同一事实，可以由种种的原因发生，所以符号论虽是由结果而推论原因的议论，也是不完全可靠。例如：

（1）学生上课时在讲堂中睡眠，足见教师不能引起学生的兴味。

这议论也可有别种的说法：

（2）学生上课时在讲堂中睡眠，足见学生不十分注意学业。
（3）学生上课时在讲堂中睡眠，足见学校的功课太烦重，学生担负不下。
……

符号论一不小心就容易生出谬误。因为是博士,就崇拜他,说他有学问;因为是孔子说的,就相信它一定不错;因为西洋人也这样那样,所以非这样那样不可;看看报上某商店的广告,就信某店的货物精良;都是这一类的谬论。

符号论中最可靠的,是那结果只有一种原因可以生出来的时候。例如:

(1)河水结冰了,可知天气已冷到摄氏表零度以下。

这是可靠的议论,因为除了天气已冷到摄氏表零度以下,没有别的原因可以使河水结冰的。但是像:

(2)碗中的水结冰了,可知天气已冷到摄氏表零度以下。

这就不大可靠。因为使碗中的水结冰的原因还有别的,人工的方法就是一个。

就大概说:自然界的现象,符号论大体可靠,一涉到人事,关系非常复杂,用符号论大须注意。

第六节　各种议论的联络

前节所述的四种议论,各有缺点;所以单独使用很不可靠。但是若能将二种以上的议论联结起来,就成有力的议论了。例如甲有杀乙的嫌疑时,如果在同一事情,得到下列种种事实,那末甲是嫌疑犯,差不多可以断定了。

（1）甲的性情粗暴。　　　　　　　　　　（因果）
（2）甲与乙曾因金钱关系有宿怨。　　　　（因果）
（3）某次甲曾用刀和人格斗。　　　　　　（例证）
（4）乙被害时,甲不在家,其时为夜半。　（符号）
（5）甲家中有带血的衣服和刀。　　　　　（符号）

以上是三种议论的联结,若能四种联结,更为可靠。所应注意的,就是因果论和符号论并不全然可靠,至于例证论和譬喻论更只能做补充用,力量很微弱,即以上例来说,虽已有五个证据,但最多只能说甲有嫌疑,至于甲是否杀乙,依然不能断定。所以,关于这一类事实要下判决,非有确实的人证（如当场见到）或物证（如刀与伤口）不可。因此,裁判官只能用各种方法引诱甲自行承认,而不能依自己所得的盖然的证据推断。因为上面的事实，甲和别人血斗或杀的不是乙，甚或别人嫁祸，（4）和（5）都可以存在的，至于（1）、（2）、（3）都是已过的事，用做证据本来力量很不大。

第七节　议论文的顺序

文章原无一定的成法，议论文的顺序当然也不能说有一定。以下所说的事项，不过是普通的说法。

（一）命题的位置　议论文原是对于命题的证明，命题当然是议论文的根本。所以命题在一篇文章中应该摆在什么地方；还是先列命题，后来说明呢；还是先加说明，后出命题呢？这实在是一个问题。

在最普通的文章，应该先提出命题，使读者开首就了解全篇主旨所在。若是把文章读了半篇，还不能晓得究竟讲点什么，这类不明晰的文章，普通不能算好的。

先列命题，能使文章明晰，但是有时也不应当先将命题列出：

第一，命题容易引起反对的时候　例如对学校学生主张有神论，或对宗教家主张无神论的时候，倘使先把命题揭出，必致开端就惹起观听者的反对，以后虽有很好的证明，也不足动人了。这种时候，应当先从比较广泛点的地方起首。对学生讲有神论，可先从科学说起，说到科学不可恃，再提出有神论来。对宗教家主张无神论，可先说古来有神论和无神论的派别，各揭出其优劣，使听者觉得无神论也有若干的根据，然后再提出自己主张无神论的意见。

第二，命题太平凡的时候　例如在慈善会场中演说"人要有慈善心"的时候，若开端先将命题提出，听的人就厌倦了。这种时候，可从"生存竞争的流弊"等说起，使听者感觉慈善的必要，然后再提出本命题来。

（二）证明的顺序　通常因果论应当列在前面，符号论列在最后。因果论若列在最后，就使已经证明的事情和当面的问题无涉。若四种论证都全备的时候，就是（1）因果论、（2）譬喻论、（3）例证论、（4）符号论；这是最普通的。

先列因果论，使读者预想有像结论的事实。次列譬喻论和例证论，使读者预想着在别时别地所有的事实，或者在此也要起来。到了最后的符号论，使读者觉得所预期要起来的事实果真起来，就能深切地信从了。再用前面所举的甲杀乙的事例来说：

（1）甲与乙因金钱关系有宿怨。（使读者预想甲或因此杀乙。）

（2）甲虽是个平和的人，但是愤怒会改变素性；好像水虽平静，遇风也要起浪。（使读者信平和的甲，也可杀乙。）

（3）从前某人某人都是平和的人，都因愤怒及金钱关系，有过杀人的行为。（使读者因从前的实例，坚信甲有杀乙的可能。)

(4)甲家有带血的衣服,且乙被害时,甲确不在家。(因证据使读者坚信甲是杀乙的。)

第八节　作驳论的注意

议论文以推理为根据,除了自然界的现象以外,人类社会的事情非常复杂,而人的推理又非绝对可恃,所以无论何种名文,总不免有驳击的馀地。并且议论原是假定有敌论者存在,否则已用不到议论。从这一点说,议论文可以说是广义的驳论了。今姑且就一般的所谓驳论,略述一二。

(一)寻求敌论的立脚点　要反驳敌论,自然以从要害驳击为最有效,所以寻求敌论的立脚点是第一步功夫。对于敌论应当找出它的主旨,就是根本的命题。其次要寻出它证明的根据和法式——演绎或归纳或类比。

(二)反驳的方法　对于敌论所用的证论的法式既已明了,只须检查它违犯哪一种条件。但只是将证论推翻,不一定就能打倒敌论的根本命题,所以最重要的还是对于这命题的驳击。

命题由性质上分,有肯定和否定两种,如本章第二节所说;若由分量上分,又有全称和特称两种。例如:

(1) 凡人是动物
(2) 凡人非木石 }……全称命题
(3) 有动物为人
(4) 有动物非马 }……特称命题

上例在质上（1）、（3）是肯定，（2）、（4）是否定。所以从质和量上分，命题有四种：（1）全称肯定，（2）全称否定，（3）特称肯定，（4）特称否定。

将质或量不同，而所含的概念相同的命题对证，称为对当。对当有各种形式，须于论理学中求之。现在只讲其中的一种矛盾对当，即全称肯定和特称否定以及全称否定和特称肯定。矛盾对当的性质是此真则彼伪，此伪则彼真，因此对于敌论命题的攻击，这种方法最方便而有效。

议论的命题应当是全称，若为特称立论本已非常无力；所以驳击敌论的全称命题，只须从它的矛盾对当的特称命题下手；因为证明特称命题实较证明全称命题容易。例如：

（1）敌论——凡哺乳动物都住在陆上。

——全称肯定

　　驳论——有哺乳动物（鲸）不住在陆上。

——特称否定

（2）敌论——白话不能达古书之义。

——全称否定

第五章　议论文

驳论——有教师讲解时白话能达古书之义。

——特称肯定

上例若驳论成立，敌论当然被推翻，而驳论都是特称，只要有一二例证就可成立，所以最方便而有效。

〔注意〕证明全称肯定或否定以推翻特称否定或肯定也是矛盾对当，但于作驳论少有用处，所以不详细讲了。

（三）应注意的条件　　作驳论应注意的重要条件有下列的三个：

第一，勿助长敌论的声势　　敌论者如果是有声望的人，议论往往在一般人的心里有强固的印象。这时候务必设法使敌论的印象减轻，以便自己的议论容易透入人心，切不可助长敌手的声势。例如对某博士的文字作驳论的时候，如果说：

某君是个博士，是个大学教授，学问很渊博，他的议论，当然不是我们做中学生的所够得上批评的。

不过……

这就是不利于自己的议论。但是也不可因此而发些轻薄的议论去糟蹋对方，这是作者的人格问题。

第二，勿曲解敌论　驳论是将自己对于敌论的反抗，公诉于一般的读者的文字。对于敌论必须不以恶意去曲解它。否则无论怎样，不能中它的要害，并且不能得读者的同情。

第三，驳论的位置　最有力的驳论最好放在中部，后半篇可用强有力的方法发挥自己的主张，使读者忘了所读的是驳论，而信从自己的主张。

以上所说的各项，并不是想取不正当的胜利，只是用来防不应当有的失败，千万不要误用。文章真要动人，非有好人格、好学问做根据不可，仅从方法上着想总是末技。因为所可讲得出的不过是文章的规矩，而不是文章的技巧。

〔练习〕

（1）试将所读过的一篇议论文，分解它的论证法。

（2）试就所读过的一篇议论文作驳议。

第六章　小品文

第一节　小品文的意义

　　从外形的长短上说，二三百字乃至千字以内的短文称为小品文。前几章所讲的记事、叙事、说明和议论等，是从文的内容性质上分的，长文和小品文只是由外形而定。因此小品文的内容性质全然自由，可以叙事，可以议论，可以抒情，可以写景，毫不受何等的限制。

　　小品文，我国古来早已有了，如东坡小品就很有名，普遍的所谓"随笔"，也可看做小品文的一种。近来在各国，小品文更盛行，并且体裁和我国的向来的所谓小品文大不相同。现在的所谓小品文实即 Sketch 的译语，大概都是以片段的文字，表现感想或实生活的一部分的。例如：

雪　夜

　　从早晨就暗淡的天，一到夜就下了雪了。由窗隙钻入的寒气冷到彻骨，好像是什么妖魔用了冰冷的手，来捉摸人的头颈似的。才将夜饭碗盏收拾好的母亲，在灯下又开始做针线，父亲呢，一心地看着新闻。饭毕就睡了的小妹，好像是日间跑得太厉害了，时时在被窝里发出惊叫来。

　　雪依然没有止，后园里好几次地有竹折断的声音。夜不觉深了，寒气渐渐加重，连远处传来的犬吠声，听去也觉得分外地带着寒森凄清了。　　　　　　　　　　　　（写景）

红蜻蜓

　　就枯草原上卧了，把书翻开，忽然飞来了一个红蜻蜓，停在书页上面。头影一动，就好像触怒了它的样子，即刻飞去了。飞也不远，仍旧回到原处。我寂然不动地看它：尾巴缓缓地子子地动着，薄薄的两只翼翅，尽量伸张，好像单叶式飞行机的样子。不时又闪转着那大而发光的眼睛。

　　在晚秋的当午的强烈的日光中，红色的蜻蜓，看去却反觉有点寂寞。　　　　　　　　　　　　　　　　　　　（状物）

田　畔

　　倦了在田畔坐息，前面走过了穿着中学校制服的学生们，仔细一看，是K君与N君。他们不知道我在这里，一壁走着，一壁高声地谈着。

第六章 小品文

唉！唉！在小学校的时候，我比 K 君 N 君成绩好得多，先生也说我是有望的少年，只为了贫穷的缘故，就这样朝晚与田夫为伍。我难道竟以田夫过这一生吗？

那未免太悲哀了！但是有什么法子可想呢？我心如沸了！虽自己不愿哭，眼泪已流下颊上了！　　　　　（抒情）

鸡

鸡告诉我们天地的觉醒，但所告诉的并不一定是光明。

鸡的第一次开声，是夜的最黑暗的时候。

鸡在深暗中叫，鸡是在深暗中叫的！　　（议论感想）

读者读了上面的例，当可明白小品文是怎样的东西了。小品文虽然也有独立制作的，其实多散见于长文中。有名的文学作品中含有小品文极多，几百页的长篇小说，也可看成小品文的连续。在近代作品中，果能节取，随处可得到很好的小品文范例。例如：

风雨的强度渐渐地退减，不久，就只剩了雾样的非常美丽的细雨。云的弧线一点点地透升上去，长而且斜的日光，即落在地上了。从云的裂缝里，露出一条碧色的天空，这裂缝次第展开，像个揭去面纱的样子；既而澄净深碧的天空就罩住世界。新鲜的微风拂拂地吹着，好像地球的幸福的叹息，掠着湿雨的小鸟的快乐的歌声，可从田野森林间听得。

——莫泊桑的《一生》

从黎明起，平常所没有的凝然而沉的浓雾，把一切街道闭住了。这虽若干地轻微透明，不至于全不看见东西，可是在雾中行走的人们，都已浸染着了那不安的暗黄色。女人脸上鲜活的红色以及动人目的衣服花样，都好像隔了一层黑的薄纱，在雾中有时茫然地暗，有时豁然地鲜明。南首天空，在蚊帐样的黑云里，藏着日脚很低的十一月的太阳，比地上远来得明亮；北首则到处沉暗，好像低挂着大大的幕，下面昏黄而黑，物象分辨不清，几同夜间一般。于这沉滞的背景中，模糊地浮出着薄暗的淡灰色的屋宇，在秋天早已荒废了的某花园的门口竖着的两圆柱，看去宛像死人前面列着的一对的黄蜡烛……

——安得列夫的《雾》

祖母死后数年，父母也都跟着做了这墓中的人，到现在已星霜几易了。墓碑满了藓苔，几乎看不出文字，虽默然地立着不告诉我什么，但到此相对，不觉就如目见墓中人一样。他们生前的情形，都一一不可遏地奔到我心上来：祖母驼圆了背在檐下曝日的光景，父亲的将眼鼻并在一处打大喷嚏的神情，母亲着了围裙浆洗衣服的样子，都显然地在我眼前浮出。

飒然地风来了，树叶瑟瑟地作声。明知道只是树叶的声音，然在我无馀念的人的耳中，好像是有一种曾听见过的干皱的沙音，快活的高声，和低而纤弱的喉音，纷然合在一起，在那里忙说着什么似的。忽然间声音一停，以后就寂然了。

我的心也寂然了。从这寂然的心坎中忽然涌起了怀慕的心情，不觉眼中就含了泪了。唉！如果可以，我愿就这样到墓中去，不再返尘世了！

——二叶亭四迷的《平凡》

以上不过就近代外国文学作品中略举数例，这样好的小品文，在我国好的文学作品中当然也很不少。如《儒林外史》中的王冕放牛，和《水浒传》中的景阳冈一段，都可作小品文读的。读者只要能留心，就可随处得着小品文的范例了。

第二节　小品文在文章练习上的价值

小品文自身原有独立的价值，且不详论。练习小品文，对于作长文也很有帮助，就是可以增长关于作文所需要的各种能力，所以对于文章练习上，利益很多。兹述一二于下：

（一）可为作长文的准备　画家学画，须先从小部分起。非能完全描一木一石的，绝不能画全幅的风景，非能完全写一手一足，绝不能画整个的人物。文章也是这样，不能作全部分的文字的，即使作了长篇的文字，也绝不会有可观的价值。所以与其乱作无谓的长文，不如多作正确的小品文。换句话说，就是学文须从小品文入手。

（二）能多作　　文有三多：多读，多作，多商量。这是学文者无可反对的条件。但长篇文字要多作，实不容易，小品文内容既自由，材料又随处可得，并且因字数很少，推敲、布局都比较容易，很便于多作，能多作，作文的能力就自然进步了。

（三）能养成观察力　　小品文形既短小，当然不能容纳大的材料。因此，要作小品文，无论写情、写景，非注意到眼前事物的小部分，将它的特色生命来捕捉不可。这么一来，结果就可使观察力细密而且锐敏。细密而且锐敏的观察力，实在是文人最重要的条件之一。

（四）能使文字简洁　　要作小品文，因它的字数有限，断用不着悠缓的笔法，非有扼要的手腕不可。所以学习小品文，可以使文字简洁。初学作文，最普通的毛病是冗漫、宽泛，因为初学者对于材料还没有选择取舍的能力，不容易得着要领的缘故。若作小品文，这毛病立即现出，渐渐自然会简洁起来，而对于材料也能精于选择、取舍。这种工作，原是作文的第一步，也就是作文方法的一切。如果真能通达，已可算得有作文的能力了。

（五）能养成作文的兴味　　初学作文的人，往往因为作得不好，打断兴味，而自觉失望，这是常见的事。长篇文字所需的材料既多，安排也不容易，初学的人当然没有作得好的可能，屡作都不好，兴味就因而萎缩了。小品文以日常生活为材料，并且是片段地收取，因而容易捕捉，材料既不复杂，安排也容易；即使作了不好，改作也不费事。为了这样，学作小品文既容易像文字，而很好的成绩偶然也可得着；作者的兴味当然可以逐渐浓厚。

学作小品文的好处如要细述，还不止此，但这已很足证明有学它的必要了。读者要学作文章吗？先努力作小品文吧！

第三节　小品文练习的机会

小品文本随时可作、随地可作，不必再待特别机会。这里姑举一二便于作小品文的机会于下：

（一）日记　日记因人的境遇、职业不同，种类当然很多，但大体可别为二种，一是只记述行事的，一是记述内面生活的。在普通人的日记中，两种时时相合，前者重事实方面，后者重心情方面。例如：

> 晨五时起，到后园散步，早膳后赴学校。授课三小时。傍晚返寓。S君来谈某事，夜接N自沪来信。灯下作覆书。阅新到杂志。十时就寝。

> 数日来的苦闷，依然无法自解。来客不少，可是都没有兴高采烈地接待他们。客散以后，一味只是懊恼，恨不得将案上的东西，掷个粉碎。天一夜，就蒙被睡了。

上面二例，前者是以行事为本位的，后者是以心情为本位的。

两者虽任人自由，没有限制，但为练习文章计，应当注意这两方面的调和；一味抒述内心生活，虽嫌虚空，然账簿式的事实的排列，也实在没有趣味。因此，最好的日记是于记述事实之中，可以表现心情的作法。请看下例：

  昨晚执笔到一点钟；起来觉得有点倦懈。天仍寒雨，窗外桃花却开了。H来谈，知N已病故，不胜无常之感。忽然间N的往事，就成了全家谈话的材料了。下午到校授课，夜仍译《爱的教育》，只成千百字。

上例虽不甚佳，然可视为两方调和的一例。我国古来，日记中很有可节取的文字；案头现有《复堂日记》，摘录一节如下：

  积雨旬日，夜见新月徘徊庭阶，方喜晴而础润如汗，雨意未已。二更猛雨，少选势衰。枕上阅洪北江《伊犁日记》，《天山客话》终卷。睡方酣，闻空楼雨声密洒，霆雷如百万军声，急起，已床屋漏矣。两炊许时，雷雨始息，重展衾枕，已黎明，是洪先生出关，车行三四十里时也。

这是清人谭复堂日记的一节，可以做小品文读的。笔法虽与现代的不合，但对于实生活的忠实的玩味力和表现力，是可以为法的。一个人每日的生活必有几事可记的。一日的日记，如果分析起来，实有几个独立的小品文可成。通常日记不必使每一事实都成小品文，只要使一日的日记全体为一小品文，或于其中含一小品文就够了。上例就是于一日的日记中含一小品文的。

日记的价值可说的很多，练习文章也是价值之一。因为日记是实生活的记录，日记的文字可以打破一切文字上的陈套；要作好日记，非体会吟味实生活不可。所以从日记去学小品文是很适当的。

（二）书札　书札与普通文字径路不同，尽有能作普通文字而不能作书札的。书札有实用与非实用的二种。实用的书札普通都是随笔写成，不加功夫；至于非实用的，则非有练习功夫的人是不能作的。日常的书札中往往含有这实用的与非实用的两方面。例如：作书托友人介绍医生，而附述自己病床的景况，前者是实用的，后者是非实用的。又如：作书约友人来游，而叙述所在地的景物，前者是实用的，后者是非实用的。

讲到趣味，作书札比作日记更多，因为日记是独语，而书札却是对话了。知友把他的生活情况来报知我们的书札，我们都非常乐读。我们能于书札中表现我们的生活，使朋友晓得，他们将怎样地欢喜呢！

我国古来书札中，佳例很多。兹随录一二为例：

某启，两日疾有增无减，虽迁闸外，风气稍清，但虚乏尔。儿子何处得《宝月观赋》，琅然诵之。老夫卧听之未半，跃然而起；恨二十年相从，知元章不尽。若此赋当过古人，不论今世也。天下岂常如我辈愤愤耶?公不久当自有大名,不劳我辈说也。愿欲与公谈,则实未能,想当后数日耶?

——苏东坡《与米元章》

某到黄陂,闻公初五日便发,由信阳路赴关,然数日如有所失也。欲便归黄州,又雨雪间作。向僧房中明窗下拥数块热炭,读《前汉书·戾太子传赞》,深爱之。反复数遍,知班孟坚非庸人也。方感叹而公书适至,意思豁然。稍晴暖,当扬帆江上,放舟还黄也。

——苏东坡《与李公择》

庭前小梅数株,绿衣素妆,娟好如汉宫人。幽斋无事,静对忘言。或时移书吟咏其下,攀条摇曳,暗香入怀。每当惠风东来,飘拂襟袖,挹其清芬,宛然如见故人。今虽飞琼碎玉,点点青苔;然片光孤影,独仿佛缭绕左右。倘能乘兴而来,巡檐一索,便可共吟楚些,共招落梅魂也。

——汤傅楹《与尤展成》

上文所举的例虽与现代文体不同,然都能表示实生活,不只简单的排列要事,很能使受书的爱读,而且读了增加不少的兴趣。由此可知:要作好书札,非加入实生活的背景不可;若不将实生活做背景,文字就不能动人。试比较下二例:

(甲)昨日在某处遇见 H 君,知 S 君即将于下星期内赴英伦。我和 H 定于明晚在某处设宴饯行,特写信约你,请届期与会。

（乙）昨日在某处遇见 H 君,知 S 君即将于下星期内赴英伦。S 君的要赴英留学,原是早有所闻的,却不料别离有这样快!寥寥的朋辈中暂时将又少一人了。已和 H 约定,明晚在某处设宴饯行,特写信给你,请届期与会。于离别以前,大家再一亲 S 君的快活的面影,话一番小学时代的旧事吧。

这是编者漫然作成的例。（甲）和（乙）相较,（甲）是只列事实,（乙）是兼述生活和心情,（乙）较（甲）有情趣,读了自可了解了吧。

书札中能兼述生活情趣,就能不呆滞而饶兴味。这不但在本文中如此,随处都是这样。举一例说,即如署名下的月日就可有各种记法。"某月某日","某月某日灯下","某月某日游山归来","某月某夜蟋蟀声中",这些记法,后面的比前面的,趣味就有多少的分别。

这里所应注意的,就是要真实无饰。若专袭套语,徒事修饰,是毫无用处的。只要能表现实生活,就可以使读者引起情趣;若徒把古人或今人的美辞丽句来套袭,就要成呆板讨厌的文字了。旧式书简中很多这种毛病,不可不知。

第四节　小品文作法上的注意——着眼细处

小品文是记述实生活的一部分的东西，以描写部分为目的；要写全体的事象，当然不是小品文所能胜任的。所以作小品文必须注目于事物的细处，就极微细极琐碎的部分发见材料。习作小品文所以能使人的观察精细锐敏，原因就在这一点。试看下例：

（甲）鳞云一团，由西上升；飞过月下，即映成五色，到紫色缘边，彩乃消灭。团圞的月悬在天心，皎皎的银光笼罩着平和的孤村。四边已静寂了，地底下潜藏的夜气，像个呼吸似的从脚下冲发上来。

——《月夜》

（乙）一到半夜，照例就醒，醒了不觉就悄然。窗外有虫叫着，低低地颤动地叫着，仔细一听；就是每夜叫的那个虫。

我不知于什么时候哭了，低低地颤动地哭了。忽而知道，这哭的不是我，仍是那个虫。

——《虫声》

上二例都是描写秋夜的，一以月为题，一以虫声为题；一以景

第六章 小品文

色为主,一以作者的心情为主。趣向不同,好坏虽难比较,然秋夜的情调,二者中,何者比较地能表示出来呢?不用说,后者胜于前者了。这个原因,由于(甲)欲以短小的文字写繁复而大的景物,(乙)却只写虫声(一个虫声)的缘故。

欲在一小文中遍写一切,结果必致失败。初学者作"春日游某山记",往往将上午某时出门,途遇某友,由何处上山,在何处休息,何处午餐,游某寺某洞,某时下山,怎样回家等,一一列举于短小的文字中,结果便成了一篇板笨的行事账簿,当然没有什么趣味可得的。

不但描写景物是这样,即在抒情文、感想文、议论文中,也是如此。小品文的材料,与其取有系统的整个的,不如取偶发的、断片的。例如:

去年今日此门中,人面桃花相映红。人面不知何去处,桃花依旧笑春风。

这是崔护的诗,所以读了能使人感动,全在他能触物兴感,把偶发的断片的材料来活写的缘故。如果平铺叙述,把一切事件都说到,就成了"崔护某处人,一日在某处遇一女郎……"样的一篇东西,使人读了,最多也不过得着"哦,有这么一回事"的感觉罢了。

就事件的全体来做小品文的材料,结果只能得到点轮廓,不能得其内容。用譬喻来说,轮廓的文字好像地图,是不能作为艺术品的。我们要作绘画样的文字，不需要地图式的文字。因为从绘画上才有情趣可得，从地图上是不能得到的。

从许多断片的部分的材料中，选出最可寄托情感的一点拿来描写，这是作小品文的秘诀。好像打仗，要用少数的兵去抵御大敌的时候，应该集中兵力，直冲要害，若用包围式的攻战法，就要失败的。

第五节　小品文作法上的注意——印象的

精细的部分的描写，胜于粗略的全体的叙述和说明；这是从前节已可知道的。那么，什么叫做描写呢？

描写是照了事象把它来从笔端现出的意思，和绘画所用的意义相同。说明固然不是描写，叙述也不是描写。旧式文章中说明和叙述的分子很多，近来的文章，除了批评文感想文等以外，差不多都以描写的态度出之了。

我国古来纯文学作品中很有描写佳例，随录一二，读者当能了解描写的态度。

山色倒侵溪影，一路随孤艇。

——杨仪《桃源忆故人》

寒风吹水，微波皱作鱼鳞起。

——赵宽《减字木兰令》

仰视浮云驰，奄忽互相逾。

——李陵《与苏武》

斜日坠，荒山云黑天垂暮，时见空中一雁来，冷入残芦去。

——蒋冕《卜算子》

于上列各例，读者对于他们观察事物的精敏，大约佩服了吧！简单点说：描写就是观察的表出，不会观察事物的人是断不能描写的。前节所说的宁作小部分的描写，不可作全体的叙述和说明，换句话说，就是要描写的，不可是叙述的说明的。因为短小的文字中，若要装载整个的有系统的材料，必致流于说明叙述，结果便只存了轮廓而使内容完全空虚了。

但从另一方面看，所谓描写的就是"印象的"的意思。我们与事物相对时，心情中必有一种反应或感觉，这普通称为印象。描写是照了所观察的事象如实写出，就是要把印象写出。所以如果是描写的文字，必会成印象的文字。上面所举的描写诸例，都是印象的，都能将自己对于事物所得的印象传给读者。

将自己所得的印象，不加解释说明直现出来，使读者也得着同样的印象，这叫做印象的。试看下例：

（甲）才开窗，湿而且重的温风即吹来，花坛的花枝都带着水珠；蔷薇已落了许多，有几瓣还乱落在花坛外，沾着些泥土了。油也似的雨，还丝丝地亮晶晶地从檐口挂下，罗岩山山腰以上，无声地放着破絮似的云，铅样的湿烟，低低地笼罩湖水，一切都沉滞得如在水银中一样。

——《时雨的早晨》

（乙）起来正六时，天还未晴，开窗一看，湿而且重的温风就迎面吹来。花坛的花枝上都带着水珠，知道昨夜大雨。蔷薇已落了许多。这蔷薇是今年正月里亲自种的，前天才开，不料就落了。有几瓣还乱落在花坛外，沾着些泥土，这大约是昨夜风大的缘故吧。

油也似的雨，丝丝地亮晶晶地，从檐口挂下，不从檐口去看，却看不出。罗岩山山腰以上放着破絮似的云，天恐一时不会晴呢。铅样的湿烟，低低地笼罩湖水，一切沉滞得如在水银中一样。唉！真令人闷极了。

上面二例，（甲）只述目见的光景，（乙）则于述光景以外，又加入作者自己的解释或说明。读者读了，不消说是取前者不取后者的吧。因为前者比较地能把印象传给读者，且所传给于读者的只有印象，所以读了容易感染。至于后者则像以谆谆的态度教示读者一样，读者读了很感着不自由；且因所传给于读者的不止印象，夹杂着许多不相干的东西，所以印象也就不能分明地传给读者了。

我国旧式文字中往往以作者自己的态度，强迫读者起同感。如叙述一悲事，结尾必用"呜呼，岂不悲哉！"叙述一乐事，必要带"可谓乐事也已"之类。其实这是强迫读者的无理的态度。悲不悲，乐不乐，读者自会感受，何必谆谆然教诲人家呢？

描写！描写！部分的精细的分写，胜于全体的叙述和说明！再进一步说，要印象的描写！

第六节　小品文作法上的注意——暗示的

前节的所谓部分的描写，并非一定主张绝对地描写一部分，目的是要从部分使人仿佛全体。既然能印象地描写，把部分的印象传给别人，全体的影子必然在其中含着，所以必能将全体的光景暗示读者。说明的文字易陷于轮廓的，范围常有一定，文字就往往无馀情可得；描写的文字部分虽小，范围却无限制，可以暗示种种复杂的情景于读者。所以数千字的说明、叙述的文字，有时效力反不及百字内外的描写的文字。小品文的价值大半在此。如果部分的描写，只能收得部分的效果，那就不是好文字。在这个意义上，小品文远比别的长文来得难作。据说，法国雕刻家罗丹雕刻一胸像的时候，先做一全像，完成了再截去手足，而只留下胸部以上的部分。作小品文也非用这样的态度不可。

不要说明的和叙述的，要描写的，要印象的，暗示的；其实这

许多话的根本完全相同。说明和叙述必无馀情,能描写,自然会成印象的,同时也自然是暗示的了。试看下例:

> 邻家的柿树今年又结了许多的实了。这家有一个很可爱的小孩。去年这时候,他爬上树去摘那柿子,不小心翻下来了。他哭得不得了,他的父母赶快将他送到医院里去,结果左手带了残疾了。他垂下了左手走过这树旁的时候,总恨恨地对着树看的。真可怜呢!
>
> ——《柿树》

这例彻头彻尾是叙述的、说明的,并无趣味,也没有馀情,使人读了不过得着一个大概的轮廓,除了说一句"原来如此"以外,并不会起何等的心情。试再看下例:

> 近地的孩子们笑着喊着,忘了一切捉着迷藏。从折手以后,就失了大将地位的芳哥儿,悄然地在他自己门口徘徊,恨恨地对着那柿树的弯曲的枝权。他是因从这树上翻下,成了一生不可回复的残疾的。
>
> 圆圆的月亮,从柿树的弯曲的枝权旁上来了,"月亮弯弯……"芳哥儿用眼角瞟视着在狂耍的侪伴,一面大声地唱了起来,眼泪忽然含不住了。

这例和前例面目就大异,芳哥儿的悲哀,以及好胜的性格、将来的运命等等,都可在此表露,是有馀情、有个性的文字。前例是事情的全体,后例却只是一瞬间的光景,而效力上,后者反胜于前者。可知部分的印象的描写,可以暗示全体。前例是地图式的文字,后例却是绘画式的文字。

用了部分去暗示全体,才会有馀情。在这里,可以觉悟小品文并不是容易作的,所得部分,要有全体做背景才可以,并且,部分与背景的中间,最好要有有机的不可分的关系存在。譬如水上浮着的菱,虽只现一小部分的花叶,但水中却有很繁复的部分潜藏着;而水中潜藏着的繁复的部分,和水上所现出的简单的部分还有着不可分的有机的关系。

暗示是小品文的生命,但所谓暗示可分两部分来看:一是笔法的暗示,一是材料的暗示。前者比较容易,后者实在很难。如能用暗示的笔法去描写暗示的材料,那就是最理想的了。前面所举的崔护的诗,其好处全在他能用暗示的笔法去描写暗示的材料。

第七节　小品文作法上的注意——中心

前面曾说:小品文好像以寡兵抵大敌,非集中兵力,直冲要害不可。又说:"如果取整个的多数的材料,不如细密写少数的部分的材料。这里所谓中心，也就是这种态度的别一方面。"

所谓中心，就是统一的意思。小品文字数不多，如果再散漫无统一，必致减少效用，没有可以逼人的能力。试看下例：

> 仍不到六时就起来了。因循惯了的我，这几天居然把贪睡的恶癖矫正，足见世间没有什么难事，最要紧的就是克己。克己！克己！校中先生所常讲的"克己"二字的价值，到今方才了解。
>
> 盥洗以后，散步校园，昨夜新晴的天，又下起雨来。满想趁今日星期天出外游耍，现在看去，只好闷居在校里了。"不如意事常八九"，世间大概如此吧。
>
> ——《朝晨》

上例前后二段间并无何等的联络，所说的全是截然不同的事，就是无中心、无统一的文字，令人读了以后，不能得着整个的情味。这样的时候，倒不如把两种材料分作成两篇小品文。

没有中心，文字就要散漫无统一，散漫无统一的文字断不能动人。但所谓中心，不是一定限于事项的统一，事项虽不前后联络，只要情调心情上能统一时，仍不失为有中心的文字。例如：专写西湖的早景，是统一的；但于一短文中如果兼写西湖的早景、夜景、雨景而确能表出西湖风景的情调（地方色）时，仍不失为有统一有中心的文字。试再看下例：

狗叫过好几次了,父亲还没有回来。在洋灯旁缝着衣服的母亲,渐渐把针的运动宽松;手中的布也次第流到桌上去了。

邻家很远,大哥昨日到上海做学徒去了。窗外的风声,犬声,壁上的时钟声,以及母亲的轻微的鼻息声,都觉得使我感着说不出的寂寥。

狗又叫近来了。母亲很无力地张开眼来,好像吃了一惊似的,仍旧提起了皱罗罗布来一针一针地缝着。

夜不觉深了!

——《夜》

上例材料上并不统一,尽有前后无关系的事项。但情调却并不散漫,读了可以使人得着一个整个的寂寞无聊的感情。这就是以情调心情为中心的文字。

从此可知文字不可无中心,这中心用事项来做,或是用情调来做,是不必限定的。只要不是杂凑的文字大概自然都有中心可说,因为我们要忠实地写一事实或一情调时,决不至于说东扯西,弄成无统一的文字的。

第八节　小品文作法上的注意——机智

小品文如奇兵，平板的笔法断难制胜，非有机智不可。我们观察事物，有正面观察和侧面观察二种。正面观察每多平板，常不及侧面观察的来得容易动人。因为正面的部分是大家都知道的，侧面的部分往往为人所不顾及的。能将人所忽略的部分从事观察，文字就容易奇警，而表现也容易成功。

相传有一画师，出了一个《花衬马蹄香》的画题，叫许多学生各画一幅。大多数的学生都从题目的正面着想，画了许多落花，上面再画一个骑马扬鞭的人。这是何等地杀风景呢！有一个聪明学生却不画一片的花瓣，只画一匹马，另外加上许多只随马蹄飞的蝴蝶；画师非常赞许。这是侧面观察成功的一例。

侧面观察就是于事物的普通光景以外，再去找出常人心中所无而实际却有的光景来；这虽有赖于观察力的周到，但基本却在机智的活动。凡是事物，无论如何细小，要想用文字把它表现净尽，究竟是不可能的事。用文字表现，要能使人读了如目见身历，收得印象，全在一二关于某事物的特色。只要是特色，虽很小很微，也足暗示某事物的全体。

例如：霉雨时候，要描写这霉雨天的光景，如果用平板正面的观察的方法来写,不知要用多少字才能写出(其实无论多少字,也写不完全的)。在这时候,假使有人把"蛛网"详细观察,发现"雾样的细雨,把蛛网糁成白色"的一种特别的光景,把这不大经人意的材料和别的事情景况写入文字中,仅这小小的材料,已足暗示霉雨天了。试再看下列各句:

(1)正午的太阳,照得山边的路闪闪地发白光。山脚大松树的树身上流着黄白色的脂浆。

——《暑昼》

(2)日光在窗纸上微微地摇动,落叶掠下来在窗影上画了很粗的黑线。

——《初冬晴日》

上二例都是侧面描写,并不琐碎地把暑日或初冬的光景来说,而暑日或初冬的光景却已活现了。

以上是从机智的一方面的说明。机智还可从别一方面说:就是文字有精彩的部分,和平常的部分可区别。文字坏的,或者是句句都坏;文字好的,却不是句句都好。一篇文中,有几句甚或只有一句好的,有几句平常的。在好的文字中,这好的几句的位置,常配得很适当。

在平常的文字中,加入几句使成好文字,这种能力是作文者大概必须的。特别地在作小品文时,这能力格外重要。在小品文中,要有用一句使全体振起的能力才好。试看下例：

　　弱小的菊科花开出来使人全不经意，却颤颤地冷冷地铺满了庭阶。无力的晚阳，照在那些花的上面，着实有些儿寒意。原来秋已来了。

——叶绍钧《母》

这文末句，是使全体统一收束的，在文中很有力量。如果没有末一句，文字就要没有统一，没有余情了。又如：

　　正坐在椅子上诵读英文，忽然一个蚊子来到脚膝下；被它一刺，我身一惊，觉得很难忍；急去拍时，已经飞去了。没有多少时候，仍旧飞近我身边，做嗡嗡的叫声。我静静地等它来，果真它回到原处，它伸直了脚，用口管刺入我的皮肤，两翼向上而平，好像在那里用着它的全副精神似的。我拍死了它，那掌上粘湿了的血水，使我感得复仇的愉快和对于生命的怜悯。

——某君《蚊》

这篇所以还算好的，关系全在末一句。如没有末一句，全体就没了意义。以上二例都是以末一句使全文振起的，其实有力的句子并不一定限于放在末了。

以上虽就描写文而说，其实所谓侧面观察，所谓一句使全文振

第六章 小品文

起,不单限于描写文,在议论、感想等类的文字中,也很必要。在议论感想文中,所谓"警句"者,大都是侧面观察成功的,有振起全文的能力的。例如:

戏子们何等幸福啊!他们自己随意选择了扮作喜剧或扮作悲剧,要苦就苦,要乐就乐,要笑就笑,要哭就哭。在实生活上却不能这样。大抵的男女都被强迫了做着自己所不愿做的角色。这个世界是舞台,却没有好戏。

——王尔德

一日一日地过去,无论哪一日,差不多都是空虚,厌倦,无聊,在后也不留什么的痕迹!一日一日地过去,这些时间,原实是无意味无智的东西,然而人总希望共同生存。他们赞美人生。他们将希望摆在人生上面,自己上面,及将来上面。啊!他们在将来上面期待着怎样的幸福啊!

那么为什么,他们认作来日不像正在过着的今日一样呢?

不,他们并未想过这样的事,他们全不喜想,他们只是一日一日地过去。

"啊!明日,明日!"他们只是这样自慰,直到"明日"将他们投入坟墓中去为止。

可是一等入了坟墓,他们也就早已不想了。

——屠格涅夫

上二例都是名文，寥寥数言中，实已喝破真理的一面。其末句都很有力，使人读了怒也不是，哭也不是，笑也不是，不知如何才好。又本章第一节所举的《鸡》，差不多全体是警句，可以参照。

第九节　实际做例和添削

（一）第一步　文有用了想象做的，如冒险小说之类，其中所描写的都非作者目见亲历之境，只是想象的产物。就是普通文字中，也不无想象的分子夹杂。但初学的人用想象作文，实不如从观察作文稳当。观察第一要件在真实，观察力若尚未养成，所想象的也难免不合实际。如画家然，必先从摹写实物、人体入手，熟悉各种形态、骨骼、筋肉的变化，然后可从事创作。

但是眼前的材料很多，从哪里观察起呢？这本不成问题，所以发生这疑问实由于着手就想创作名文的缘故。老实说，名文并不是一蹴可就的。在初时，最好就部分的平凡事物中搜集材料，逐渐制作，渐渐地自会熟达，成近于名文的文字。文字的好坏本不在材料的性质，而在表现的技能。善烹调的无论用了怎样平常的原料，也能做出可口的肴馔来。世上森罗万象，一入能文者的笔端就都成了好文章了。

（二）由材料到成文字　无论什么材料都可用，只要仔细观察

第六章　小品文

了，把它写出来就成文字；这样说法，作文不是很容易的吗？其实这是大大的难事。写出原是容易，但要将自己所观察得的依样传给别人，使别人也起同样的心情，这却很难；并且不如此，文字就没了意义了。

现在试示一二做例吧：

假定我们观察春日的田野，在笔记本上，得到下列的材料：

（1）草青青地长着，草上有两个蝴蝶在那里翩翩飞舞，一个是黄蝴蝶，一个是白蝴蝶。

（2）小川潺潺流着，水面被日光反射成银白色。

（3）远远的树林晕成紫色，其上飘着蓬蓬的白云。

（4）两个老鹰在空中回旋，不时落近到地面来。

（5）温风吹在身上，日光照在头上，藉草坐了，竟想睡去，我不禁立了唱起歌来了。

材料有了，更要把这材料连缀起来成为文字。那么怎样连缀呢？先就全体材料的性质考察：草——蝴蝶——小川——树林——云——老鹰——温风——日光。这里面，树林和云是远景，老鹰也比较地不近，草、蝴蝶、小川是最和作者相近的。照普通的顺序，先说近的，后说远的，原来的排列似乎也没大错。但依原形连缀拢来，究竟不成文章：第一，接合不稳；第二，词句未净。

（1）句虽明了，但是不干净，多冗词。"草"、"草上"、"两

个蝴蝶"、"黄蝴蝶"、"白蝴蝶"相同的名词叠出,文趣不好;应改削如下:

青青的草上,有黄白二蝶翩翩飞舞。

这样就够了。(2)没有什么可删,原形也可用。不过突然与(1)连结,文有点不合拍。如果加入一句"草的尽处",连接起来就不突兀,并且景色也较能表出。

其次是(3)和(4)了。这二者要互易顺序,景物才能统一,为了与上文连接及表出春日的心情起见,上加一句"抬起倦眼仰望",更得情味。其馀一仍其旧,将全体连缀起来如下:

青青的草上,有黄白二蝶翩翩飞舞。草的尽处,小川潺潺流着,水面被日光反射成银白色。

抬起倦眼仰望,两个老鹰在空中回旋,不时落近在地面来。远处的树林晕成紫色,其上飘着蓬蓬的白云。

温风吹在身上,日光照在头上,藉草坐了竟想睡去,我不禁立了唱起歌来了。

这样,文虽不工,但繁词已去,连接也无大病,春野的景色,春日的情感,已能表出若干了。

再示一例吧。假如有这样的一篇学生日记:

第六章 小品文

某月日，星期。

早晨，近处有一小孩被车子碾伤，门前大喧扰。我只在窗口望了一望，不忍近视。后来知道，这受伤的小孩是某家的独子，送入病院以后即受手术，但愿能就医好。

正预习着明日的功课，李君来了。乃相与共同预习。

所预习的是英语。二人彼此猜测先生的发问，不觉都皱了眉。

午餐与李君谈笑共食。

午后到李君家，适他家有亲戚来，李君很忙，我就回来了。

傍晚无事。

灯下继续预习毕，翻阅小说，至敲十一点钟，始惊觉就寝。

先就第一节看，所记的是偶发事项，与自己无直接关系；似乎是可记可不记的材料。如果要记，应只用简洁的词句，不应这样冗长。可改削如下：

早晨，有一个小孩在门口被车子碾伤。附近大喧扰。听说就送入医院去了。

这样已够，再改作如下，则更好：

早晨，有一个小孩在门口被车子碾伤，为之怆然。

"为之怆然"这是感情的语句,加入了可以表出当时的心情。这种表示感情的语句,要简劲有余情,能含蓄丰富才好。

再检查第二节。这节中末句"皱了眉"很好,但开端太冗滞,宜改削如下:

> 正预习明日的英语,李君来了。乃相与共同预习。彼此猜测先生的发问,不觉皱了眉。

原文,"预习"两见,"所预习的是英文",是无谓的说明。改作如上,就比较妥当了。

第三节无病。第四节"他家有亲戚来"云云,也与自己无关系,可省略,改如下:

> 午后因送李君,顺便一到他家就归。

第五节的"傍晚无事"全是废话;无事,无事就是了,何必声明呢?当全删。

第六节无病;末句能表出情味,不失为佳句。

第六章　小品文

第十节　分段与选题

（一）文的分段　文字的分段和句逗性质一样，同是表示区划的。最小的区划是逗，其次是句，再其次是段。有时还有空一行另写，表示比段更大的区划的。

分段不但使文字易读，且使文字有序不紊。分段有长有短，原视人而不同，但大体也有一定的标准，就是要每段自成一段落。用前节的例来说：

> 青青的草上，有黄白二蝶翩翩飞舞。草的尽处，小川潺潺流着，水面被日光反射成银白色。
>
> 抬起倦眼仰望，两个老鹰在空中回旋，不时落近在地面上来，远处的树林，其上飘着蓬蓬的白云。
>
> 温风吹在身上，日光照在头上，藉草坐了竟想睡去，我不禁立了唱起歌来了。

这文是分做三段写成的。第一段着眼近处，第二段着眼远处，两不相同，所以换行另写。第三段是心情的抒述和前二段叙述事物的又不同，所以再别做一段。换一着眼点，就把文字分段，这是普通的标准。

所要注意的就是标准只是相机而定的。例如上文第一段所包含的事物有草、蝶、小川三项;如果在全文描写精细,不这样简单的时候;那么由草而蝶,由蝶而小川,都可说是着眼点的更换,就都应分段了(下面二段也是这样)。上文所以合为一段,一因文字简单,二因所写的都是近景的缘故。

分段还有把每段特别提出的意思,能使分出的文字增加强度。有时,往往因为要想使某文句增加强度,特意分行写列的。试看下例:

K君从车窗探出头来说"再会",我也说了一声"再会",不觉声音发颤了。K君也把眼圈红了起来。汽笛威吓似地一作声,车就开动。我目送那车的移行,不久被树林遮阻,眼前只留着一片的野原。

啊!K君终于去了。

我不觉要哭起来了。

这文末二句原可并为一段的,却做二行写着。分段以后,语气加强,连全文都加了强度了。能适当分段也是文章技巧之一,但须入情合理,不可无谓妄饰。

(二)题的选择　文字中,有先有题目,后有文字的;有先有文字,后有题目的。旧式文字往往先有题目,随题敷衍。其实,好的文字都是作者先有某种要写的事物或思想情感，如实写出，然后再加题目的。特别地在小品文应该如此。

题目应随文的内容而定，自不容说。但陈腐的题目不能令人注目，有时因题目陈腐，使本文也惹了陈腐的色彩。过于新奇呢，又易使读者读了本文失望。所以题目非推敲斟酌不可。

举例来说：前节所列春日写景的文字，如果要定起题目来是很多的，"春野"、"春景"、"游春"等都可以。但我以为不如定为《藕草》来得切实而不落陈套。

在小品文中，文字须苦心制作，题目也须苦心制作。题的好坏，有时竟有关于文的死活。尽有文字普通，因了题目的技巧，就生出生气来的。

> 今天母鸡又领了一群小鸡到篱外来了。其中最弱的一只，赶不上其余的，只是郎当地在后跟着。忽然发出异常的叫声，挣扎飞奔，原来后面来了一只小狗。母鸡回奔过来，绕在那小鸡后面，向小狗做着怒势。小鸡快活地奔近兄弟旁边去，小狗慑于母鸡的威势，也就逃走了。
>
> ——《亲恩》

这文材料很普通，文字也没有十分大了不得，但"亲恩"这题目实有非常的技巧。因了题目好的缘故，平凡的本文也成了奇警了。这是用题目来振起全文的一例。

附录　教育杂谈

《给青年的十二封信·序》

这十二封信是朱孟实先生从海外寄来,分期在我们同人杂志《一般》上登载过的。《一般》的目的,思想以一般人为对象,从实际生活出发来介绍些学术思想。数年以来,同人都曾依了这目标分头努力。可是如今看来,最好的收获第一要算这十二封信。

这十二封信以中学程度的青年为对象,并未曾指定某一受信人的姓名,只要是中学程度的青年,就谁都是受信人,谁都应该读一读这十二封信。这十二封信实是作者远从海外送给国内青年的很好礼物。作者曾在国内担任中等教师有年。他那笃热的情感,温文的态度,丰富的学识,无一不使和他接近的青年感服。他的赴欧洲,目的也就在谋中等教育的改进。作者实是一个终身愿与青年为友的志士。信中首称"朋友",末署"你的朋友光潜",在深知作者的性行的我看来,这称呼是笼有真实的情感的,决不只是通常的习用套语。

各信以青年们所正在关心或应该关心的事项为话题。作者虽随了各话题抒述其意见，统观全体，却似乎也有个一贯的出发点可寻，就是劝青年眼光要深沉，要从根本上做功夫，要顾到自己，勿随了世俗图近利。作者用了这态度谈读书，谈作文，谈社会运动，谈恋爱，谈升学选科等等。无论在哪一封信上，字里行间都可看出这忠告来。就中如在《谈在露浮尔宫所得的一个感想》一信里，作者且郑重地自把这态度特别标出来了说："假如我的十二封信对于现代青年能发生毫末的影响，我尤其虔心默祝这封信所宣传的超效率的估定价值的标准能印入个个读者的心孔里去。因为我所知道的学生们学者们和革命家们，都太贪容易，太浮浅粗疏，太不能深入，太不能耐苦，太类似美国旅行家看孟洛里莎了。"

"超效率"！这话在急于近利的世人看来，也许要惊为太高蹈的论调了。但一味亟亟于效率，结果就会流于浅薄粗疏，无可救药。中国人在全世界是被推为最重实用的民族的，凡事向都怀一个极近视的目标：娶妻是为了生子，养儿是为了防老，行善是为了福报，读书是为了做官，不称入基督教的为基督教信者而称为"吃基督教的"，不称投身国事的军士为军人而称他为"吃粮的"，流弊所至，在中国什么都只是吃饭的工具，什么都实用。因之，就什么都浅薄。

试就学校教育的现状看吧！坏的呢，教师目的但在地位薪水，学生目的但在文凭资格；较好的呢，教师想把学生嵌入某种预定的铸型去，学生想怎样揣摩世尚毕业后去问世谋事。在真正的教育面前，总之都免不掉浅薄粗疏。效率原是要顾的，但只顾效率究竟是蠢事。青年为国家社会的生力军，如果不从根本上培养能力，凡事近视，贪浮浅的近利，一味袭蹈时下陋习，结果纵不至于"一蟹不如一蟹"，亦只是一蟹仍如一蟹而已。国家社会还有什么希望可说。

"太贪容易，太浮浅粗疏，太不能深入，太不能耐苦。"作者对于现代青年的毛病曾这样慨乎言之，征之现状不禁同感。作者去国已好几年了，依据消息，尚能分明地记得起青年的病象，则青年的受病之重也就可知。这十二封信啊，愿你对于现在的青年有些力量。

文学的力量

文学的有力量是事实。在几千年前，我们中国就知道拿文学来做移风易俗、改革社会的工具，这用现在的用语来说，就是所谓文艺政策。足见文学的力量，自古就已经大家承认的了。到了现在，因了印刷与交通的进步，识字者的增多，文学的力量愈益加增。我们可以说，文学的力量是非常之大的，只要看《黑奴吁天录》一书使黑奴得到解放，青年人读《少年维特的烦恼》有因而致自杀者，便可以明了。所以文学之有力量已是明白的事实，无须费词。今天所要讲的是以下三点：第一，文学的力量从何而来；第二，文学力量的特点；第三，文学对于读者发生力量需要什么条件。

一、文学的力量从何而来

我以为要讲文学的力量发生，应先讲文学的本身。文学的作品如诗歌小说之类，和"等因奉此"的公文，"天地元黄、宇宙洪荒"的千字文性质不同。文学的特性第一是"具象"。我们平常说话不一定是文学的，但如果用文学的方法来说，便成为文学的了。譬如我们说："日子过得很快。"这句话语不足称为文学。如果我们要使它文学化，第一就应当使其能够使人感觉到，既是使其具象化。于是我们便说："流光容易把人抛，红了樱桃，绿了芭蕉。"这样便成为文学的说法了。为什么？因为后边的一句是具象化的："抛"、"红"、"绿"、"樱桃"、"芭蕉"，都是可用感觉机关来捉摸的事象，比"日子过得很快"的说法有声有色得多。再好像我们听见人家说某某地方打仗，死了很多人。这句话当然使我们感动，但若我们果然亲身到了那个地方，眼睛看见累累的尸身，狰狞可怖，那我们所得的印象一定更深了。可见愈具象的事情愈能使人感动。文学的力量也是同样发生的。通常说，中国人胆子小，爱面子，爱虚荣，因为了这些劣根性，于是中国人到处吃亏。但是只讲我们中国人有这些不良的品性，我们听了感动甚少。经鲁迅氏在

《阿Q正传》中，假了名叫阿Q的一个人，加以一番具体的描写，便深刻多了。

文学的力量是从"具象"来的，不具象就没有力量。

文学的特性，第二是情绪的。这情绪也是使文学有力的一个条件。大凡告诉人家一件事情使他去做，有好几种的方法，或是用知识，或是诉之于情感。知识能够使人知道"如此这般"，但是很不容易使人实行。如果用情感就不同了。我们用情感使人做一件事，若是能使对方动情，对方自然便去做了。所谓"情不自禁"者，就是指这现象的话。文学的作品并不告诉人家如何如何，只把客观的事实具象地写下来，使人自己对之发生一种情绪，取得其预期的效果。

以上是讲文学本身发生力量的缘由。次之，文学的力量还可以从文学作者发生。文学作者的敏感，也是使文学有力的原因。所谓文学作者，便是那些感情和观察力比较常人来得敏捷的写作的人：普通人看不见的，他们能够看见；普通人感觉不到的，他们感觉得到；普通人想不到的，他们也想得到。因为文学作者对于社会、对于事物的观感，比常人特别强，所以社会有变动时，先觉者往往是文学作者。世间事件所含奥秘，一般人往往不能见到，经文学作者提醒以后，方才注意及之。譬如讲到妇女解放问题，最初发动的是文学作者易卜生，他的名剧《娜拉》便是妇女解放的先声。美洲的黑奴解放，普通人都归功于《黑奴吁天录》一书。因为人生很微细的地方，文学作者都能看得到，因而把他的敏感观察得到的东西发挥创作，自然会使人佩服，对读者有力量了。

所以，文学的力量的来源，可以分做两部分，第一从文学本质而来的，由于具象，由于情绪；第二是从文学作者方面来的，便是由于作者的敏感。

二、文学力量的特点

文学的力量是感染的力量，不是教训。教训的力量是带有强迫性的，文学的力量是没有强迫性的，是自由的。近来常有一种作品，带着浓厚的教训性，露骨地显露着某种的教训。这些作品往往缺乏具象与真实的情绪，与其说是文学作品，不如说是口号的改装。口号是一种号令，具有强烈的强迫性，真正的文学的力量，性质决非如此。文学并非全没教训，但是文学所含的教训乃系诉之于情感。文学对于世界，显然是负有使命的。文学之收教训的结果，所赖的不是强制力，而是感染力。良师对于子弟，益友对于知己，当施行教训的时候，常极力避用教训的方式，而用感化的方法，结果往往得到更大的功效。文学的力量亦正如此。

三、文学对读者发生力量的条件

　　文学的力量是不普遍的。文学需要着读者，某作家做了一本小说，如果国内读的人有了一万万，这一万万人也许都受了这本小说的感动，而还有三万万人没读这本小说的，是无法直接感动的。并且，一种文学作品并非对于任何读者都能发生效力。文学作品要对于读者发生效力，其主要条件是作者和读者之间的"共鸣"。作品对于读者有共鸣作用的便有力量，没有共鸣作用便无力量。这共鸣作用因空间时间而不同，因人的思想环境有别而各异。譬如讲失恋故事的作品，在我这个未曾尝过恋爱滋味的人读了，是不甚会发生共鸣的；西洋小说里面讲基督教的部分，在不懂基督教的人看来是不会发生兴趣的。一个作品里所表现的东西常有一般的与特殊的两种，大概描写一般的人性的东西，容易使多数人感动，对多数人发生有力量；至于叙写特殊的境遇的东西，如失恋的痛苦、孤儿的悲哀之类的东西，非孤儿和未曾尝过恋爱的滋味的人看了，感动要比较少。《红楼梦》是一部著名的小说，写林黛玉有许多动人的地方，但是这书在一百年前的闺秀眼中，和在现今的"摩登"小姐眼中，情形便不一样，她们的感受一定不大相同。某种作品有某种读者，《啼笑因缘》的读者和《阿Q正传》的读者，根本上是不同的人。

把上面的话归纳起来，就是：文学是有力量的。文学的力量由具象、情绪和作者的敏感而来；文学的力量，其性质是感染的，不是强迫的；文学作品对于读者发生力量，要以共鸣作用为条件。

受教育与受教材

自从我在《中学生》创刊号上写了那篇《你须知道自己》以后，就接到了不少的青年的来信。有的自陈家庭苦况，有的问我中学毕业后的方针，有的痛诉所入学校的不良，问题非常繁多，欲一一答复，代谋解决，究不可能。没法，只好就诸信中寻出一个比较共同的问题，来写些个人的意见当作总答。

我在创刊号那篇文字里，曾劝中学生诸君破除徒以读书为荣的"士"的封建观念，养成实力。这次所接到的来信中，差不多都提及这实力养成的问题。关于这，我实感到有答复的责任。至于答复得好与不好，且不去管他。先试就实力二字加以限制。我的谈话的对手是中学生，所谓实力，当然不是什么财力，权力，武力，也并不是学士或博士的专门学力，乃是普通一般的身心上的能力。例如健康力，想象力，判断力，记忆力，思考力，忍耐力，鉴赏力，道德力，读书力、发表力、社交力等就是。

这种能力，虽是很空洞，很抽象，却是人生一切事业的基础。犹如数学公式中的X，诸君学过数学，当然知道X的性质。X本身并无一定价值，却是一切价值的总摄，只要那公式是对的，无论用什么数目代入X中去都会对。上面的各身心能力，本身原不能换饭吃，成学者，或有功于革命，但如果没有这诸能力，究竟吃不成什么饭，成不了什么学者，或有什么贡献于任何革命事业的。

这身心诸能力，原也可从自然环境或职业部分地获得，例如滨海的住民常善泅泳，当兵的自会富于忍耐力。但人为的有组织的养成机关，不得不推学校教育。所谓教育，就是能力给与的设计。学校就是为施行这设计的而特造的人为的环境。

专门以上的学校为欲使学生直接应世，倾向常偏重于专门的知识技术的传授。专门以下的学校所传授的，不是可以直接应世的知识技术，其任务宁偏重于身心诸能力的养成，愈是低级的学校愈如此。所谓课程也者，无非施行教育作用的一种材料而已。专门以上的课程收得了也许就可应世，就可换饭吃，至于专门以下的学校课程，收得了仍是不能应世，换不来饭吃的。不信，让我举例来说：诸君花了不少的学费，费了不少的光阴，好容易了解了几何中西摩松线的定理或代数中的二项式，记得了蒲公英、鲸鱼的属类与性状，假如初中毕业时成绩第一。但试问这西摩松线的定理和二项式的解答和关于蒲公英、鲸鱼的知识，写出来零折地卖给谁去？怕连一个大钱也不值吧。又假定诸君每日清晨在早操班上"一二三四"

地操，一日都不缺课，操得非常纯熟，教师奖誉，体育成绩优等。试问这"一二三四"的举动，他日应起世来，能够和卖拳头的江湖朋友一样收得若干铜子吗？以上不过随举数例，其实诸君所学习着的各科无不皆然。

诸君读到这里也许又要感到幻灭了，且慢且慢，西摩松线二项式和蒲公英鲸鱼的知识，虽不能卖钱，但因此而表现的推理力记忆力等等是终身有用的。又，幸而能升学进而求更高深的科学，这些知识当作基础也是有用的。"一二三四"操得好，虽不能变铜子，但由此锻就的好体格，和敏捷、忍耐、有规则等的品性，是将来干任何职业都必要的。"功德不虚"，诸君用几分功，究竟有几分益处在，断不至于落空。

由此可知，中等学校教育的课程，只是一种施行教育的材料，从诸君方面说，是借了这些材料去收得发展身心能力的。诸君在中学校里，目的应是受教育，不应是受教材。重视书册，求教师多发讲义，囫囵吞枣似地但知受教材，不知受教育，究是"买椟还珠"的愚笨办法。诸君读了我上面的话，如果以为是对的，那么希望诸君注意二事。

第一，要自觉地从各科目摄取身心上的诸能力。我上面所说的话，原只是普通教育上的老生常谈，并非什么新说，照理，教师们都该知道了的。他们应该注意到此，应该利用了教材替诸君养成实力，不应留声机器似地，徒把教本上的事项来一页一页地切卖给诸君。但现在的学校实在太乱杂了，一年之中可换三四个校长，前学期姓张的先生来教诸君的地理，后来归姓胡的教，这学期又换了姓王的。在这样杂乱无序的情形之下，说不定诸君的教师之中没有不胜任的分子。

又，教育是教师与学生合作的事，教师虽施着正当的教育，学生如果无接受的热心，也不会有好结果，故诸君须有养成身心诸能力的自觉才好。一个代数方程式，同级的人都能解，你如果解不出，这事本身关系原不大。但在一方面说，就是你的记忆力或思考力不及人，不到水平线，这却是大事。冬天早操屡次赶不上，这事本身原不算得什么有碍，但由此而显现着的你的这惰性，如果不改革，却是足为你终身之累的，无论你将来干什么。

第二，对各科目要普遍地学习。近来中学生之间，常用因淡薄的实用观念或个人的解好，把学习的科目偏重或鄙弃的事。有的想初中毕业后去考邮局电报局，就专用功英语，有的想成文人，就终日读小说。无论哪一校，数学都被认为最干燥无味，大家对了都要皱眉的科目。体育科，则除了几个选手人员外，差不多无人过问，认为可有可无。图画、音乐等科，也被认为无足重轻的东西。这种倾向由能力养成上看来，真是大大的错误。因了学科的性质，有的须多用些功，有的可少用些功，原是合理的。又，现制中学的高中已行分科制，学生为了将来所认定的方向，学习要偏重些某方面，也是对的。我所指摘的只是普通一般的中学生的对于学科的偏向，尤其是对于初中部的学生。你想毕业后去考邮局或电报局并不是坏事，但除了英语的知识以外，多带些知识趣味去，就是说，在记忆力忍耐力等以外，多养成些别的能力去，不更好吗？你想成文人也好，但多方面的能力修养，将来不会使你的文人资格更完满吗？

中学原只是普通教育，其中的学科都是些人类文化的大略的纲目，换言之，只是一个常识，在综合地养成身心的能力上看来，不消说是好材料。次之，在有升学希望的人，当作预备知识也自有其意义。至于要想单独地拿了一种去换职业，究竟是毫无把握的。将来情形变更也许不能这样断言，至少在现制度是如此。任你怎样地去偏重，结果所偏重的依然无用，而在别的方面却失去了能力养成的普遍的机会，只是自己的损失而已。

一家商店，常有一种东西是值得买，而其余是不值得买的。例如杭州西湖上的菜馆里，醋溜鱼是好的，而挂炉烤鸭就不好，虽然门口也挂着"挂炉烤鸭"的牌子，我们如果要吃醋溜鱼，就到杭州西湖边上去，如果要吃烤鸭，那么上北京菜馆去，不然就会找错了门路。学校犹如商店，在中学校里所可吸收的是普通的身心能力，不是可以直接应世的教材。如果要买应世实用的教材，那么将来进专门大学去，或是现在就进甲种实业去，急于考邮局电报局的，还是进英文夜校去。

中学校的性质如此，是借了教材给与能力的。诸君在中学校里，试自己问问："我在这里受教育呢？还是在这里受教材？"

怎样对付教训

　　暑假已完，新学年就此开始，诸君将出家门，即有亲爱的父母向诸君作种种叮嘱，"保重身体"咧，"爱惜金钱"咧，"勿管闲事"咧，"努力用功"咧……这么一大套。才进校门，在开学式中又有校长训话，教师训话，来宾训话，又是"革命勿忘读书，读书勿忘革命"咧，"打倒帝国主义"咧，"以学救国"咧，"陶冶品性"咧，"锻炼身体"咧，"谨守校规"咧……那么一大套。

　　不管诸君要听不要听，总之现在是诸君整段地要受教训的时期，各种各样的教训由父母师长各方面袭来，要求诸君承受遵守。诸君如果把这种教训左耳朵进右耳朵出，随听随忘，那也就罢了，倘若想切实奉行，就有许多问题可以发生。我原不敢说诸君之中没有马马虎虎把父母师长的教训视如马耳东风的人，却信这种人极其少数，大多数的中学生诸君都是诚笃要好的青年，对于父母师长的教训，只要力所能及，都想服膺实行的。对于这等好青年，我敢来贡献些关于教训的意见。

第一须辨别教训的真伪。

教训会有伪的吗？尽有尽有！有一篇短篇小说（忘其作者与篇名）中，写着下面这样的故事：

> 甲乙两个工场主同时在其工场中提倡节俭；A 是甲工场的工人，B 是乙工场的工人。
>
> A 听了甲工场主的节俭谈，很是信服，切实奉行。最初戒除烟酒，妻病了也不给她多方治疗，结果成了鳏夫。为节俭计，不但不续娶，且把住房也退掉，独自住在小客栈里。后来觉得日食三餐太浪费，乃改为二餐，最后且减到一餐。物价虽日趋腾贵，他却仍能应付，而且还能把收入的一部分去储蓄在工场里。也曾屡次以物价腾贵的理由去向主人要求加薪，主人总不答允。主人的理由是：他费用有限，现有工资已尽够他的生活。
>
> 有一天，他去访在乙工场做工的 B，一则想看看 B 的生活方法，二则想对 B 夸说夸说自己的节俭之德。
>
> B 的样儿使他吃了一惊。B 在数年前是个比他不如的光蛋，现在居然已有妻与子，且住着不坏的房子了。他问 B 何以能如此，B 的回答是："我因为没有钱，才入工场作工。主人教我节俭，但是你想，穷光蛋一个大都没有，从何节俭起啊！后来

物价逐渐腾贵,我和大家向主人要求加薪,乘机就娶了妻,妻不久就生了子。一人的所得不足养活三口,于是又只好强求主人再加薪水。有了妻子,不能再住客栈或寄宿舍,才于最近自己租了这所房子。可是生活费又感到不足了,尚拟向主人再请求加薪呢。"

B虽这样诉说着生活的艰辛,可是脸色却比他有血色得多。B的妻抱其肥胖的小孩,时时举目来向他的黄瘦的脸看。他见了B的一家的光景,不禁回想起妻未死时的情形来。

诸君读了上面所记的小说梗概,作何感想?就一般说,节俭原是一种美德,节俭的教训原是应该倾听的。可是上述梗概中的甲工场主所提倡的节俭,却是一种掠夺的策略,他们所提出的节俭的教训,完全是欺骗的虚伪的东西。诸君目前尚不是工人,不消说这样的欺骗的教训暂时是不会临到头上来的,但如果诸君的校长或教师不替诸君本身着想,专以保持自己的地位饭碗为目的,或专为办事省麻烦起见,向诸君咣咣地提倡服从之德,教诸君谨守他们的所谓校规,则如何?合理的校规原是应守的,但校规的所以应守,理由应在有益于学生自己和学校全体,不应专为校长或教师的私人便利,去作愚蠢的奴隶。前学期的校长姓王,教师是甲乙丙丁,这学期的校长姓张,教师是ABCD,在现今把学校视作传舍的教育情形之下,作校长或教师的未必对于学生都能互相诚信,"谨守校规"的教训也自然不大容易有效。但我敢奉劝诸君，合理的校规是应守的，只是要为自己和全体而守，不为校长或教师私人的便利而守。当校长或教师发出"谨守校规"的教训的时候，须认清其动机的公私。为了校长及少数教师想出风头，把学生作了牺牲，无谓地奖励不合理的运动竞技或跳舞演剧的把戏，近来多着呢！

对于教训须辨认其动机的公私，不管三七廿一地盲从了去奉行，结果就会被欺。但是有种教训，在施教训的人热心为诸君设想，并无自私的处所，而其实仍是虚伪的东西。这种出于热心而实虚伪的教训，实际上很多，举一例来说：诸君出家门时，父母叮嘱你们"努力用功"。"努力用功"是一条教训。这条教训出于诸君的父母之口，其中笼着无限的对于诸君的热情和希望，可谓决不含有什么策略的嫌疑的了。可是这真诚的父母的教训，因了说法竟可以成为虚伪的东西的。

自古至今，为父母的既叫儿子读书，没有不希望儿子能上进，能努力用功的。韩愈有一首教子的诗题目叫做《符读书城南》的，中有一段云：

"……两家各生子,提孩巧相如。少长聚嬉戏,不殊同队鱼。年至十二三,头角稍相疏。二十渐乖张,清沟映污渠。三十骨骼成,乃一龙一猪。飞黄腾达去,不能顾蟾蜍。一为马前卒,鞭背生虫蛆。一为公与相,潭潭府中君。问之何因尔,学与不学欤。……"

这段文字，如果依照今日的情形改说起来，大意是说："有两房人家各生了一个孩子，幼时知识相同，常在一块儿游耍，后来一个努力读书，一个不努力读书，结果一个成了车夫，受人鞭挞，一个做了大官，住在高大的房子里，何等写意。"诸君的父母叮嘱诸君"努力用功"究出何种动机，原不敢断言，但普通的父母对于儿子都无不希望儿子能"飞黄腾达"，以为要"飞黄腾达"就非教儿子"努力用功"不可。韩愈是个有见解的名人，尚且如此教子，普通的父母当然不消再说了。

如果诸君的父母确由此见解对诸君发"努力用功"的教训，那么我敢奉告诸君，这教训是虚伪的。"飞黄腾达"是否应该，且不去管他，要想用了"努力用功"去求"飞黄腾达"，殊不可靠。实际社会的现象不但并不如此，有时竟成相反。试看！现今住高大洋房的，坐汽车的，做大官的，是否都是曾"努力用功"的人？拉黄包车的是否都是当时国民小学中的劣等生？"努力用功"原是应该的，原是应有的好教训，但如果这教训的动机由于想"飞黄腾达"，那结果就成了一句骗人的虚伪之谈。在韩愈的时代，这种教训也许尚有几分可靠，原说不定，但观于韩愈自己读了许多书还要"送穷"（他有一篇《送穷文》），韩愈以前的杜甫有"纨袴不饿死，儒冠多误身"（《奉赠韦左丞丈二十二韵》）的话，足见当时多读书的未必就享幸福，韩愈对于儿子已无心地陷入虚伪的地步了。至于今日，情形自更不同，住洋房，坐汽车，过阔生活的，多数是些别字连篇或竟一字不识的投机商人，次之是不廉洁的官吏（因为他们如果仅靠官俸决不能过如此的阔生活），他们的所以能为官吏也别有原因，并非因为他们学问比别人都好。大学毕了业不一定就有出路，中学毕业生更无路可走，没钱的甚至要想在小学读书而不能。今日的实际情形如此，如果做父母的还要用了韩愈的老调，以"飞黄腾达"的动机，向儿子发"努力用功"的教训，直是作梦。做儿子的如果毫不思辨，闭了眼睛奉行，便是呆伯，结果父母与儿子都难免失望。

那么"努力用功"是不对的吗？诸君的父母不该教诸君"努力用功"，诸君不该"努力用功"了吗？决不，决不！我不但不反对"努力用功"的教训，而且进一步地主张诸君应"努力用功"。我所想纠正的是"努力用功"的教训的动机，想把"努力用功"的教训摆在合理的基础之上。诸君幼年狼藉米饭时，父母常以雷殛的话相戒的吧。诸君那时年幼无知，因怕雷殛，也就不敢任意把米饭狼藉。后来诸君有了关于电气的常识，知道雷殛与狼藉饭粒的事毫不发生因果的关系了，那么，就可任意把米饭抛弃了吗？我想诸君决不至如此。幼时的不敢狼藉米饭理由是怕雷殛，后来的不敢狼藉米饭，理由另是一种：米饭是农人劳动的产物，可以活人，不应无故暴殄。后者的理由比前者合理，"不该狼藉米饭"的教训要摆在这合理的理由上，基础才稳固。为想"飞黄腾达"而"努力用功"，这教训按之社会实况，等于"怕雷殛"而"不狼藉米饭"，禁不得一驳就倒的。"努力用功"的教训，须于"飞黄腾达"以外，别求可靠的合理的理由才牢固，才不虚伪。所谓可靠的合理的理由，诸君的父母如果能发见，再好没有，万一不能发见，那么非诸君自己去发见不可，决不该把虚伪的教训只管愚守下去。

教训本身原无所谓真伪，教训的真伪完全在发教训者的动机的公私，和理由的合理与否。校长教师也许会为私人的便利发种种教训，父母为爱子的至情所驱，因了朴素见解也许会发种种靠不住的教训，诸君自己却不可不加以注意考察，审别真伪，把外来的种种教训转而置于合理的正确的基础上，然后去加以切实奉行才对。诸君应"谨守校规"，但须为自己的利益（不仅是除名不除名留级不留级等类的问题）和学校全体而守校规，不应为校长教师作私人便利的方便而守校规。诸君应"努力用功"，但"努力用功"的理由须在"飞黄腾达"以外另去找寻，为发达自己身心各部分的能力，获得水平线以上的知识技能而"努力用功"。总而言之，教训有真有伪，诸君所应奉行的是真的教训，不是伪的教训。

第二，须注意教训的彼此矛盾。

教训的来处不一，所关系的方向亦不一，对于一事，往往有的教训是这样，有的教训是那样，彼此矛盾，使人无所适从的。例如同是关于身体，父母教诸君"保重身体"，学校教诸君"锻炼身体"，父母爱怜诸君，所谓"保重身体"者，其内容大概是教诸君当心冷暖，不可过劳之类，而学校的所谓"锻炼身体"却是要诸君能耐寒暑，或故意要诸君多去劳动。"公要馄饨婆要面"，诸君也许会感到矛盾，左右为难了吧。又如父母教诸君"勿管闲事"，而党义教师却教诸君"打倒帝国主义"，国语教师教诸君在自修时间中多读国文书本，体育教师却教诸君每日要多运动，诸如此类的事例，举不胜举，诸君现正切身受着，当比我知道得多，无待详说。

先就"保重身体"与"锻炼身体"说，二者因了解释，可以彼此统一，毫无矛盾。人生在世不但有种种事须应付，而且境遇的变动也是意料中的事，断不能一生长沉浸在姑息的父母之爱中。为应付未来计，为发达能力计，都非把身体好好锻炼不可。如果如此解释，那么适度的锻炼即所以"保重身体"，同时如果真正要"保重身体"，也就非"锻炼身体"不可了。"勿管闲事"与"打倒帝国主义"亦可因了解释使减除其矛盾性。凡对于某一事自己感到责任的，必是已有相当的实行能力的人。毫没有实行某事能力的人决不会对于某事感到非做不可的责任，除非是狂人。我们不责乞丐出慈善捐款，乞丐对于物质的慈善事业，当然也不会感到何等的责任。党义教师教诸君"打倒帝国主义"，倘只是一句照例的空洞的口号，别无可行的实际方案，或有了方案而非诸君能力所及的，诸君对之当然不会发生何等责任，结果无非成了一个"言者谆谆听者藐藐"的局面，与"勿管闲事"的诸君的父母的教训，毫无冲突之处可说。如果党义教师的"打倒帝国主义"的教训确有方案步骤，而这方案步骤切合诸君程度，确为诸君能力所及，那么诸君对于"打倒帝国主义"非感到责任不可，既对于"打倒帝国主义"感到责任，那就"打倒帝国主义"对于诸君不是"闲事"了。父母为家庭小观念所囿，教诸君"勿管闲事"，也许就是暗暗地教诸君不要去做"打倒帝国主义"等类的事。但诸君既明白自己的责任，知道"打倒帝国主义"是应做而且能做的事，不是"闲事"，内心已无矛盾，尽可于应行时尽力去行的了。贤明的父母决不会禁止子女去干力所能及的有意义的各种运动的。国语教师教诸君在课外多读国文书本，体育教师教诸君每日多运动，将如何呢？其实，各科教师都有把自己所授的科目格外重视的偏见，不但国语体育二者如此。对于这种教师的矛盾的要求，应以"整个的程度的水平线"为标准，自定取舍，中学是普通教育，诸君的精力有限，如果偏重了一方面，结果必致欠缺了别方面，对于前途殊非好事。诸君对于各科须牺牲自己的嗜好与偏见，普遍修习。在终日埋头用功的人，体育教师的"多从事运动"是好教训，在各科成绩都过得去而国语能力特差的人，国语教师的"课外多读国文书本"是好教训。各科教师所发之教训原不免彼此矛盾，若能依了"整个的程度的水平线"为标准，自定取舍，奉行上就不会有什么困难了。

"自学"和"自己教育"

我为了职务的关系,有机会读到各地青年的来信和文稿。这些文字坦白地表示着诸位青年的生活,经验,思想,情感。一位在中等学校里担任职务的教师,他所详细知道的只限于他那个学校里的学生。可是我,对于各地青年都有相当的接触。虽然彼此不曾见过面,不能说出谁高谁矮,谁胖谁瘦,然而我看见了诸位青年的内心,诸位期望着什么,烦愁着什么,我大略有点儿理会。比起学校里的教师来,我所理会的范围宽广得多了。这是我的厚幸。我不能辜负这种厚幸,愿意根据我所理会到的和诸位随便谈谈。

从一部分的来件中间,我知道有不少青年怀着将要失学的忧惧,又有不少青年怀着已经失了学的愤慨。那些文字中间的悒郁的叙述,使人看了只好叹气。开学日子就在面前了,可是应缴的费用全没有着落,父亲或是母亲舍不得"功亏一篑",青年自己当然更

"自学"和"自己教育"

不愿意中途废学。于是在相对愁叹之外,不惜去找寻渺茫难必的希望,牺牲微薄仅存的财物。或者是走了几十里地,张家凑两块钱,李家借三块钱,合成一笔数目。或者是押了田地,当了衣服,情愿付出两三分四五分的高利,以便有面目去见学校里的会计员。在带了这笔可怜款项离开家庭的时候,父亲或是母亲往往说:"这一学期算是勉强对付过去了,但是下一学期呢!"多么沉痛的话啊!至于连这样勉强对付办法都找不到的人家,青年当然只好就此躲在家里。想找一点事情做做,东碰不成,西碰不就。哪怕小商店的学徒,小工厂的练习生也行。然而小商店正在那里"招盘",小工厂正在那里"裁员减薪"。于是每吃一餐饭,父亲叹着气,母亲皱着眉,青年自己更是绞肠刮肚似的难过,无论吃的是咸汤白饭,或是窝窝头,都是在吃父亲母亲的血汗呀!像上面所说那样的叙述,我看见得非常之多,文学好一点坏一点没有关系,总之宣露出现在青年的一段苦闷。是谁使青年受到这样的苦闷呢?笼统地说,自然会指出"不良的社会"来。我们很容易想象一个理想的社会,在这个理想的社会里,受教育是一般人绝对的权利,不用花一个钱,甚至为着生活上必需的消费,公家还得给受教育者津贴一点钱。而现在的社会恰正相反,须要付得出钱才可以享受受教育的权利。那么给它加上一个"不良的"的形容词,的确不算冤枉。但是这样判定之后,苦闷并不能就此解除。理想的社会又不会在今天或是明天无条件地忽然实现。在现在的社会里,要受教育就得付钱,不然学校就将开不起来,这是事实。事实是一垛坚固的墙壁,谁碰上去,谁的额角上准会起一个大疙瘩。这就是说,如果付钱成为问题的话,那么上面所说的苦闷是不可避免的。你去请教无论什么人,总不会给你一个满意的答复,因为无论什么人的一两句话,不能够变更当前的事实。不过要注意,上面所说的学和受教育乃是指在学校里边学,以受学校教育而言。这只是狭义的学,狭义的受教育。按照广义说起来,学和受教育是"终身以之"的事情,离开了学校还可以学,还可以受教育,而且必须再学,必须再受教育。威尔斯等在《生命之科学》一书里说得好:"教育的目标是要使各个人成为善良的变通自在的艺人(因为环境在变迁,所以要变通自在),成为在那一般的规画中自觉能演一角的善良的公民,成为能发挥其全力的气象峥嵘、思虑周到、和蔼可亲的人格者。终其生都要有能受教育的适应性。旧式的那种阴晦的观念,以为人当在青年期之前把一切应该学的东西都学好,而以后只是用其所学,和多数的动物一样,那种观念是在从人的思想中消逝了。"可是我觉得,一班给"失学"两字威胁着而感到苦闷的青年还没有抛开那种阴晦的观念。住在学校里边叫做学,离开学校叫做"失学",好像离开了学校,一切应该学的东西就无法学好了,其实哪里是这么一回事,所谓"自学"或是"自己教育",非但是可能的,而且是必须的。即使住在学校里边,也不能只像一只张开着口的布袋,专等教师们把一切应该学的东西一样一样装进来,也必须应用自己的智慧和能力，思索这一样，练习那一样，才可以成为适应环境的"变通自在的艺人"。而思索这一样，练习那一样，就是"自学"或是"自己教育"呀。离开了学校，没有教师的指点，没有种种相当的设备，就方便上说自然差一点，然而有一个"自己"在这里，就是极大的凭藉。自己来学！自己来教育自己！只要永久努力，绝不懈怠，一切应该学的东西还是可以学得好好的。这样看起来，如果能把那种阴晦的观念抛开，建立"自学"或是"自己教育"的信念，那么遇到付钱成为问题的时候，固然不免苦闷，但是这决非顶大的苦闷。本来以为"就此完了"，所以认为顶大的苦闷。而在实际上，只要自己相信并不"就此完了"，那就不会"就此完了"，所以决非顶大的苦闷。

以上并不是勉强慰藉的话，而是对于学和受教育的一种正当观念。这种观念，无论在校不在校的人都是必需的。不过对于不在校的人尤其有用处，它能给你扫去障在面前的愁云惨雾，引导你走上自强不息的大路。我知道有人要说：你不看见现在社会的实际情形吗？现在凡是新式的事业机关招收从业员，限定的资格起码要中学毕业生。工厂学徒哩，公司练习生哩，甚至大旅馆中同于仆役的"侍应生"哩，上海地方专以伴人游乐为事的"女向导员"哩，没有中学毕业程度的都够不上去应试。所以读不完中等学校，就等于被摈在从业的希望的门外。一般青年因为将要失学而忧惧，因为已经失了学而愤慨，原由在此。一般父母宁愿忍受最大的牺牲，而不肯让儿女"功亏一篑",待要真个无法可想,那就流泪叹气,以为家庭的命运已经临到绝望的悬崖,原由也在此。

　　这种实际情形,我也知道得很清楚。按照理想说,岂但新式的事业,最好是无论什么事业,从业员的资格都起码要中学毕业生,这样,事业上的效率一定会比现在大得多。不过到了这样情形的时候,进学校将纯是权利而不担什么义务了。现在进学校多少带一点"投资"的意味,既然担着付钱的义务,总希望将来能有连本带利的丰富的收获。我知道,这样想头不止是多数父母的见解,更有许多青年也在或明或暗地意识着。这并不足以嗤笑,在现在这样的社会里,自然要产生这样的想头。而照大家的眼光看来,要得到丰富的收获,惟有在新式事业中取得一个从业员的位置。同时,惟有新式事业需要有了相当的知识和训练的从业员,其他事业现在还没有这种需要。所以在新式的事业机关招收从业员的章程里,才有"资格——中学毕业生"这一条。所以每逢新式的事业机关招考的时候,前往投考的常常是那么拥挤,出乎主持人的意料之外。但是有一点可以注意:在招收从业员的章程的资格项下,往往不单写着"中学毕业生",而再附加着"或有同等程度者"这样的语句。这说明了什么呢?第一,从这上面可以看出现在学校教育并不能和新式事业完全相应。新式事业所需要的是干练适用的从业员,但是根据平时的经验,觉得拿得出毕业文凭来的不一定干练适用,所以宁愿把挑选的范围放宽,在"有同等程度者"中间也来挑选一下。第二，从这上边可以看出有了一张毕业文凭的，其被录取的机会并不特别多。他不但有同样有了一张毕业文凭的和他竞争，并且有"有同等程度者"和他竞争。这当儿，取得必胜之权的凭藉不是一张文凭，而是货真价实的知识和训练。在"自学"或是"自己教育"上努力得愈多的人，他的被录取的机会也愈多。

就失学的人说来，这里就闪着一道希望的光。只管沉溺在苦闷之中，那惟有一直颓唐下去，结果把自己毁了完事。不如振作起来，在"自学"或是"自己教育"上努力。直到真个"有同等程度"的时候，直到真个有货真价实的知识和训练的时候，其并没有被摈在从业的希望的门外，不是和有了一张毕业文凭的人一样吗？

除了新式事业以外，还有许多的事业，如耕种，如贩卖，如小工艺的制作，细说起来，门类也就不少。这些事业，如果真没有办法参加进去做，我也说不出什么话。我不能从事实上没有办法之中说出办法来。但是，如果有一点办法可以参加进去的话，我以为这些事业都不妨做。在一些教训青年的书里，说到"择业"的时候往往有一套理论。事业要应合自己的兴趣哩，事业要发展自己的专长哩，还有其他的项目。其实这些都是好听的空话。一个人择业定要按照这许多项目，结果只好一辈子无业可做。事实上惟有碰到什么就做什么，只要那种事业不是害人的，例如当汉奸卖国，贩运毒品毒害人家。在碰到了一种事业的时候，你就专心一志去做，你能够抱着"自学"或是"自己教育"的信念，即使没兴趣的也会寻出兴趣来，即使不专长的也会练出专长来。同时你不必以此自限，这就是说，在你那事业所需要的知识和训练之外，更可以作其他的研修。这并不是游心外骛的意思。专力本业是当前献身的正轨，而别作研修是自己长育的良法，二者兼顾，一个人才会终身处在发展的程度之中。一朝研修有了相当的成就，而恰又碰到了另外一种事业可以应用这种成就的，你自然不妨放弃了从前的事业去做另外的事业。那时候你还是专心一志地做，和做从前的事业一样。请想想，如果所有从业的青年都像这样子，社会上的各种事业不将大大地改换面目，显出突飞猛进的气象吗？其实任何事业都像新式事业那样有着光明的前途，就从业员的收获说，也不至于会怎样不丰富。

以上的话，我以为不但对于给"失学"两字威胁着的青年有些用处，就是在校的或是从业的青年也可以从这里得到少许启示。诸位要相信，事实虽然是一垛坚固的墙壁，但在不超越事实的情形之下，觅取进展的途径，其权柄大部分还操在诸君自己的手里。能够"自学"或是"自己教育"的，在他前面等候着的往往不是苦闷而是成功！

学斋随想录

吾人于专门职业以外，当有多方之趣味。军人只知军人之事，商人只知商人之事，彼此谈话至无共通适当之材料，其苦何堪？为将来之教师者宜注意及之。酱之只有酱气者，必非善酱；肉之只有肉气者，必非善肉；教师之只有教师气者，必非善教师也。

福有重至，祸不单行。富者安坐而资入，购物多而价自贱。贫者辛苦所得，反为捐税等所夺。优等生受教师之奖励，勤勉益力。劣等生受教师之呵责，志气愈消。天下不平之事孰甚于斯？耶稣有言曰：有者被赐，无有者并须夺其所有。

斯世无限之烦恼，可藉美以求暂时之解脱。见佳景美画，闻幽乐良曲，有遑忆名利恩怨者否？

人之虚伪心竟到处跋扈，普通学生之作文亦全篇谎言。尝见某小学学生之《西湖游记》，大用携酒赋诗等修饰，阅之几欲喷饭。

其师以雅驯,密密加圈。实则现在一般之文学,几无不用"白发三千丈"的笔法。循此以往,文字将失信用,在现世将彼此误解,于后世将不足征信。矫此颓风者,舍吾辈而谁?

教育的背景

不论绘画戏剧小说，凡是一种艺术，大概都应当有背景。背景就是将事物的情况烘托显现出来，叫人不但看见事物，并且在事物以外，受着别种感动刺激的一种周围的景象。事物的好坏，不是单独可以判定的用法，必须摆入一种背景的当中，方才可以认得它的真相，了解它的意义。所以在艺术上，这个背景很有重要的位置。

中国人一向不大讲究背景：画地是白的；戏剧里面的开门关门，光是用手装一个样子；车子只有两扇旗子，骑马也只有一支马鞭就算了。近来虽已经加了布景，但是不管戏情，用来用去，总是这几种老样式，也可算不讲究背景的证据了。至于古来的诗词，却颇多用背景的。用了背景，就添出许多的情趣。譬如"风萧萧兮易水寒，壮士一去兮不复还"，这可算得最悲壮的文字了。但是离开了第一句，便失却它悲壮的意味，因为第一句就是第二句的背景的缘故。其余如"暝色入高楼,有人楼上愁""落日照大旗,马鸣风萧萧"等许多好文章,也都可以用这个道理来说明它的好处。

从此看来,背景差不多可算艺术的生命了。教育从一种意义说也是一种艺术,主张这一说的人近来很多。就是当初将教育组成为一种科学的海尔把尔脱也有这个意见:也应当有背景。没有背景的艺术不能叫做艺术。没有背景的教育也不能叫做教育。

什么叫做教育的背景?这个问题可分几层解释。第一、我们所行的教育是人的教育,当然应当用人来做背景。人究竟是个什么?这原是最古的疑问,到现在还没有十分解决。原来人有两种方面:一种是动物的方面,就是肉的方面;一种是理性的方面,就是灵的方面。古今东西的哲人都从这两方面来解释人。因为注重的地方不同,就生出种种的意见来了。西洋史上显然有这两个潮流:希腊及罗马初期的人注重肉的方面;基督教徒注重灵的方面,就是前一潮流的反动。这两种主张彼此冲突,结果就变了宗教战争。文艺复兴以后到十九世纪,就是主肉主义全盛的时代,近来学者大概主张灵肉一致了。这个灵肉一致,在我们中国却是已经有过的思想。孔子所谓"从心所欲不逾矩",就是灵肉一致的状态。

这个人字的解释将来不知还要如何变迁,现在的理想大概是灵肉一致了。所以我们看人不可看得太高,也不可看得太低。进化论一派的学者说人不过为生物的一种,这样看人未免太低。但是用一般所说的人为万物之灵,可以支配一切的看法来看人,也未免看得太高。这两种都不是人的真相。人原本是两面兼有的：一面有肉欲的本能，一面还有理性的本能；一面有利己的倾向，一面还有利他的倾向；一面有服从的运命，一面还有自由的要求。这两方面使他调和一致，不生冲突，这就是近代人的理想。近代伦理学上主张自我实现，教育上主张调和发达，也无非想满足这个要求。"不管学生将来入何等职业，先使他成功一个人。"卢骚这句话说在百年以前，到现在还是真理。现在普通教育中所列的科目，都是养成人的材料，不是教育之目的物，也不是学问。地理是从面的方面解释人生的，历史是从直的方面解释人生的，数学是锻炼人的头脑的，理科是说明人的周围及人与自然界之关系的，语言文字是了解人与人的思想的，体操是锻炼人的身体意志的，其他像手工农业等，虽似乎有点带着职业的色彩，但是在普通教育中，仍是注重陶冶品性的一面。总之，现在普通教育上所列的科目，除了以人为背景以外，完全是毫无意义的。若当作教育之目的物看，当作学问看，那就大错了。

我们中国办学已经二十年光景，这个道理好像大家还没有了解。社会上大概批评学校里的课程无用。有几种父兄竟要求学校说："我的子弟只要叫他学些国文算学。体操手工没有什么用场，不必叫他学。"普通学校里的学生也有专欢喜国文的，也有专欢喜数学的，也有专欢喜史地的。遇着洒扫劳动的作业，大家就都不耐烦。这种都是将材料当做目的物看，当做学问看，不当它养成人的方便看的缘故。不但社会和学生不晓得这个道理，就是教育者，不晓得这个道理的也很多。现在大多的教育者，无非将体操当作体操教，将算术当作算术教，将手工当作手工教罢了。课程自课程，人自人，这种无背景的教育，就是再办几十年也没有什么效果。所以教育上第一件是要以人为背景。人是教育第一种的背景了。无论何物，不能离开空间与时间的两大关系，这个空间时间，在人就是境遇和时代了。不论英雄豪杰，都逃不了境遇和时代的支配。印度地处热带，山川动植物皆极伟大，自然界恍如扑倒人生，所以有佛教思想。中欧气候温和，山川柔媚，所以有自由思想。批评家看见绘画诗文，就是无名的，也能大略辨别它是哪代的制作。这都是人不能离开境遇和时代的证据。所以教育上，第二应当以境遇和时代为背景。

从前斯巴达以战争立国，奖励敏捷，教育上至提倡盗窃。这虽是已甚的例，足见时代和境遇所要求的知识，才是有用的知识。现在是何等时代，我们现在是何等境遇，这都是教育家所应当考求的问题。教育家虽然不能促进时代，改良境遇，断不可违背大势而误人子弟。已经这个时候了，还要去讲春秋的大义，冕旒的制度，教人读《李斯论》《封建论》的文章，出《岳飞论》《始皇论》的题目，学少林、天台派的拳棒，使学生变成半三不四的人物，学了几年，一切现在的制度，生活上应有的常识，仍旧茫然。这不是现在教育界的罪恶么？八股时代有一句讥诮读书人的话，说道"八股通世故不通"，现在的教育界能逃避这个讥诮么？

一国有一国的历史，自然不能样样模仿他人，但是一般的趋势，也应该张开眼来看看。一味的保守因袭，便有不合时宜、阻止进步的流弊。旧材料并非不可用，就是用这个材料的态度，很宜注意。一切历史上事实，无非人文进化的过程。这个过程，并无可宝贵的价值。若用了这些材料来说明现在的文化的来历，使人了解所以有新文化的道理和新文化的价值，自然是应该的事。若食古不化，拘泥了这个过程，这就是于现在生活无关系的，这种教育就是无背景的教育了。时势既到了今，不能再回到古去。历史上虽然也有复活的事实，但所谓复活者，并不是与前次一式一样，毫无变易的。譬如以前衣服流行大的，后来流行小的，近来又渐渐地流行大的了。近来的大的与以前的大的，究竟式样不同，以前的大，却不失为现在的大的过程。但若是要想拿来混充新的，这是万不能够的事。现在教育家只求博古，不屑通今，所以教育界中完全是尊古卑今的状态。十几岁的学生一动着笔便是古者如何，今则如何，居然也有"江河日下，世风不古"的一种遗老的口吻。这虽是他们思想枯窘聊以塞责的口头禅，也可算是教育不合时势的流毒了。所以要主张以境遇时代为教育的背景。

上面两种背景以外，还有第三种的背景，就是教育者的人格。现在的学校教育是学店的教育，教育者与被教育者的中间但有知识的授受，毫无人格上的接触；简直一句话，教育者是卖知识的人，被教育者是买知识的人罢了。大家机械的卖来卖去，试问这种知识有什么用处？真正的教育需完善被教育者的人格，知识不过人格一部分，不是人格的全体。现在学校教育何尝无管理训练，但是这个管理训练与教授绝对的无关系。教育者大概平日只负教授的责任，遇着管理训练的时候，便带起一副假面具，与平时绝对成两样的态度了。这种管理训练除了以记过除名为后盾以外，完全不能发生效力。而且愈发生效力，结果愈不好，因为与人格无关系的缘故。

人格恰如一种魔力，从人格发出来的行动，自然使人受着强大的感化。同是一句话，因说话者人格的不同，效力亦往往不同。这就是有人格的背景与否的分别。空城计只能让诸葛亮摆的，换了别个便失败了；诸葛亮也只能摆一次的，摆第二次便不灵了。

"以言教者讼，以身教者从"，教育者必须有相当的人格，被教育者方能心悦诚服。只靠规则是靠不住的。我说这句话的意思，并不是凡是教育者必须贤人圣人。理想的人物本是不可多得的，我并不要求教育者皆有完美之人格。原来学校所行的教育，都不过是一种端绪，一切教科，无非是基本的事项，不是全体。所以，教育者于人格方面，也只求能表示基本的端绪够了。这个人格的基本端绪，比了教科的基本端绪成就虽难，但是不能说这是无理的要求。

这三种是教育的背景，教育离开了这三种，就无意义。试问现在的教育用什么做背景？有没有背景？

《李息翁临古法书》跋

右为弘一和尚出家前临古习作。和尚当湖人,俗姓李,名与字皆屡更,其最为世所知者名曰息,字曰叔同。才华盖代,文学演剧音乐书画靡不精。而书名尤藉甚,胎息六朝,别具一格。虽片纸,人亦视如瑰宝。居常鸡鸣而起,执笔临池。碑版过眼便能神似。所窥涉者甚广,尤致力于《天发神谶》《张猛龙》及魏齐诸造像,摹写皆不下百余通焉。与余交久,乐为余作书,以余之酷嗜其书也。比入山,尽以习作付余。伊人远矣,十余年来什袭珍玩,遐想旧游,辄为怅惘。近以因缘,复得亲近。偶出旧藏,共话前尘,乃以选印公世为请,且求亲为题序。每体少者一纸,多者数纸。所收盖不及千之一也。

我之于书

二十年来，我生活费中至少十分之一二是消耗在书上的。我的房子里比较贵重的东西就是书。我向无对于任何一问题作高深研究的野心，因之所买的书范围较广，宗教，艺术，文学，社会，哲学，历史，生物，各方面差不多都有一点。最多的是各国文学名著的译本，与本国古来的诗文集，别的门类只是些概论等类的入门书而已。

我不喜欢向别人或图书馆借书，借来的书，在我好像过不来瘾似的，必要是自己买的才满足。这也可谓是一种占有的欲望。买到了几册新书，一册一册地加盖藏书印记，我最感到快悦的是这时候。

书籍到了我的手里以后，我的习惯是先看序文，次看目录。页数不多的往往立刻通读，篇幅大的，只把正文任择一二章节略加翻阅，就插在书架上。除小说外，我少有全体读完的大部的书，只凭了购入当时的记忆，知道某册书是何种性质，其中大概有些什么可取的材料而已。什么书在什么时候再去读再去翻，连我自己也无把握，完全要看一个时期一个时期的兴趣。关于这事，我常自比为古时的皇帝，而把插在架上的书，譬诸列屋而居的宫女。

我虽爱买书，而对于书却不甚爱惜。读书的时候，常在书上把我所认为要紧的处所标出。线装书大概用笔加圈，洋装书竟用红铅笔划粗粗的线。经我看过的书，统体干净的很少。据说，任何爱吃糖果的人，只要叫他到糖果铺中去做事，见了糖果就会生厌。自我入书店以后，对于书的贪念，也已消除了不少了。可是仍不免要故态复萌，想买这种，想买那种。这大概因为糖果要用嘴去吃，往往摆存毫无意义，而书则可以买了不看，任其只管插在架上的缘故吧。

春日化学谈

一、关于日光

每年到了三月，偏在南方低低地逼近了地平线运行着的太阳，渐渐升高了地位回归向北方来，万物也就从沉睡状态中苏醒了。春的恩惠，一言以蔽之，结果归着于太阳的赐惠加多。太阳不但给与我们以光明与温热，还给与我们以食物与能。

我们的食物中，有植物性的谷类和蔬果与动物性的乳、肉和卵。动物不能在自己体内制造食物，植物却有在体内制造自身所需要的养分的能力。这植物所制造的，就是动物当作食物赖以维持生命的东西。

我们只要耕田下种，施以适当的栽培，就不难获得食物。这食物从何处来，怎样造成的呢？不消说是由被根所吸收的土中的水分与无机成分，和被叶所吸收的空气里的炭酸气中的炭素造成的。将这些化学成分制成食物，是植物的叶绿素的功用，有叶绿素的叶子无异是食物的合成工场。说虽如此，仅是叶绿素还不够，根本的力量要推太阳。这些化学成分非加以日光的能，才会行合成作用，叶绿素只不过是捕集日光的能，巧妙地加以利用而已。这时日光的能变形了，在合成的物质之中潜伏着。植物为食物之根本，日光为植物合成工程上必不可缺的要素，可以说，我们是靠日光而生活着的。

空气中的炭酸气不多，只百分之零点零三光景。植物仅吸了这一点，合成上所需要的炭素已尽能供给了。因为叶吸收炭酸气的速度非常快速，最易吸收炭酸气的普通常推苛性钾的浓溶液，叶的吸收力可与相比。有些植物的叶，每一平方米的表面一小时可合成一克的淀粉。植物这样地合成醣类（淀粉、糖等），合成脂肪，合成蛋白质，这三者都是人类必要的食物的主成分。此外如维他命之类，亦非动物所能制造，全是直接或间接由植物摄取而来的东西。植物的所以能供给这种重要成分，不消说又要归功于日光的能。人类可不依赖植物的有无机盐、水和氧。但素菜类含着丰富的无机盐，人类事实上仍多量取之于植物。

世间任何事物没有能就不会活动。例如电车利用了电能，把它转变为机械能而行驶，蒸汽机关与内燃机关利用了煤或汽油的能，把它的热能转变为机械能而旋转。人类和别的动物是从食物获得运动的能的。植物的叶制造我们的食物时，所吸收的日光的能转变为化学的能，潜伏于新化合物之中。这食物一入人体里，被消化吸收了达到细胞，原来潜伏着的化学的能重新再变形而出现了。变形的场所就是细胞，一部分变形为热能。使我们有一定的温度，一部分变形为机械能，使我们全身会活动。我们的一切动作与活动，都是食物中潜伏的化学的能的变形使然，而这化学的能本来就是日光中光线的能。这样说来，我们的温热与活动，可以说就是日光的化身了。不但人类如此，一切生物所营的生活现象，直接或间接都与日光的能有密切的关系。

那个灼热的太阳，原是一个有六千度高热的大火球，其中当然没有我们通常所称的"生命"。可是地上的一切生命却都是它给与的。

二、关于植物

把土中的空气分析了看，其中有着炭酸气。这炭酸气的分量，在冬季是百分之零点五以下，一到春季就激增起来，三月中是百分之二，四五月最高，约百分之三以上，从七八月起又逐渐减少。又，大气中炭酸气的量在春季亦见增加。这原因有二：一是由于植物的根在土中所行的呼吸旺盛，二是由于冬季入土的落叶因热而开始腐败分解，发出炭酸气来。腐败起于细菌的繁殖，炭酸气的发生结果可以说即是细菌的呼吸作用。土中除使落叶腐败的菌类外，尚有许多菌类，都在旺盛地呼吸着。

种子通常呈假死状态，在寒冷而干燥着的时候差不多是没有呼吸的。说虽如此，普通任何干燥的种子仍含着百分之三点五至十三的水分，在平常的温度中亦营着呼吸，会放出炭酸气来。一公斤的大麦在一小时可出零点零四公斤的炭酸气，如果把其水分增至百分之三十三，一小时可出八十三公斤的炭酸气。

呼吸可以生热，从空中取入氧素把体内的炭化合物燃了起来，结果就排出炭酸气。我们把木质就火燃烧，就发生热与炭酸气。生物的体内也很平顺地营着这种作用。只要遇到水分和温热，种子随时都能发芽。我们常见橘子的种子在橘子中发芽，新收获的麦穗因雨亦可有发芽的事。充分干燥的种子能长久保持其生命，据说有人从印度五千年前的古墓里得了一粒麦种，播种下土居然发芽，结了九个穗。那麦是和现代的麦异其种类的。

种子得了水分与温热，种子中所贮的淀粉就因糖化酵素转化为糖分去养胚。种子中的淀粉粒，在显微镜下的形状因植物的种类而不同，但其性质却是同样的。化学的成分是（$C_6H_{10}O_5$）n，种子发芽的时候，原有的淀粉粒同糖化酵素的作用渐渐变为葡萄糖而流去消失，葡萄糖的化学成分等于把淀粉分割成若干（n）个，加入一个水（H_2O）进去，就是$C_6H_{12}O_6$，我们平常嚼饭的时候常觉到甜味，因这时唾液中的糖化酵素已在把淀粉转化为葡萄糖了。

植物的芽，不论是从种子发生的或春来新换的，都与种子同样需要日光和水分，只是养分的贮藏的场所和种子不同罢了。芽的养分贮藏在茎或根里。芽不能像种子地永生着，把植物置在冬季同样的低温度之中使不发芽，究能维持生命到几年？这事至今尚未有人实验过。种子如果充分干燥，即到零下二百度仍能不死，至于芽，普通在零下一百度即死。不消说，这时的芽是无法使它干燥的，就高温度说，种子能耐到六七十度，而芽则至四五十度即死。含水的淀粉在六六度时即成糊状，可是干燥的淀粉虽热至百七十度，亦可不起何等的变化。

新芽得着日光，获得了叶绿素，营其奇妙不可思议的化学作用，从水（H_2O）与炭酸气（CO_2）造成甲醛（CH_2O），再由甲醛合成糖类、淀粉、脂肪或蛋白质。用光来将水与炭酸气造出甲醛，这已是人工所能办的了，但像植物的自由制造糖或淀粉，脂肪或蛋白质，在今日尚为人智所不及。

三、关于动物

　　普通在冬眠中的动物差不多没有呼吸，也没有血液循环。有毒的蛇在冬眠中，即使咬人也无危险。春天到来，冬眠的各种动物才觉醒。最先觉醒的是蛙类，有些蛙类会在还冰冻着的池沼中产细长如丝的卵。动物从冬眠觉醒转来的时候，因为长久不吃东西的缘故，常用猛烈的行动去找寻食物。

　　动物活动的原动力不消说是食物。食物的所以会使动物活动，实是酵素的功劳。动物体中，不论唾液、胃液、胆汁，都含有酵素，能以微妙的作用把食物来消化摄取。此外，那些营内分泌的各种内脏里，也各有特种的酵素，发挥各种各样的机能。动物在一方面能从各种东西摄取必要的养分，在他方面能把自己身体的旧组织废去改换新组织，也都是酵素的作用。

　　酵素种类甚多，它的构成元素今日已经知道，至于其组列的形状如何尚未明白。酵素自身并不会起任何作用，一与他物相遇就能使起变化。每种酵素各有其特殊的对象物，唾液中名叫Ptyalin的酵素只能变淀粉为麦芽糖，对于脂肪或蛋白质是不起任何作用的。胃液中名叫Pepsin的酵素，只对于蛋白质有作用；胆汁中名叫

Lipose的酵素，只能分解脂肪。酵素和生物相似，在温度三十八度时作用最活泼，热到八十度就丧失其作用。又，如果遇到了毒物，作用也就会死殁的。

"桃花流水鳜鱼肥"。不但鳜鱼，一切动物在产卵的时季，脂肪旺盛，滋味都较平时鲜美。可是，在产卵期内，动物往往有毒，不可不知。吃河豚的往往丧失性命，秋季食蟹亦常有中毒的事。动物在产卵期中，卵与卵巢等大概有毒，很适合于保存种族。不但动物，有些植物在嫩芽或根里也有毒，像马铃薯就是一个例。

四、关于微生物

草木逢春发芽开花，叫我们欢悦，可是植物之中有逢春不发芽开花，生活在我们看不见的地方，为我们尽力，如酵母就是。酵母是下等植物的一种，在显微镜下看去，呈圆形或椭圆形，大批集群着时候，发糟粕或酒类的气味。这菌类和普通植物不同，不在地上繁殖，要在培养液中才能旺盛地繁殖。酵母的种类不少，现在试单就酿酒时所必要的Saccharomyces属的酵母来说吧。酵母的培养液中，须加糖类、氨、磷酸钾等，主要成分为麦芽（令大麦发芽为曲），酵母繁殖时在其圆形或椭圆形的母细胞上先生细小的突起，渐渐长大，长大到与母细胞同样的时候，即分立而成独立的细胞。细胞的分裂，在摄氏四度须二十小时，在十三至十五度须十小时半，在二十三度须六小时半。酵母发芽所需要的温度最低可至零度，最高是四十度左右。

酒在太古时代已被发明，可是酵母的发见却在十九世纪。因了德法诸学者的研究，才知道酒的发酵主体是一种酵母。现在更进一步，知道酿酒酵母中含有名叫Zymase的酵素，这酵素对糖液发生了作用，才起酒精发酵。

酒对于人类于陶醉的快乐以外，曾给与以种种道德上身体上的恶影响，可是酵母是无罪的。因了时代的进展与实际的需要，酿酒酵母为我们尽力的方面正多，可以说是我们的恩人呢。

石炭总有干竭的一日，液体燃料的石油汽油也是有限的东西，无法用人工来增加。能用人工制造的燃料，现在只有酒精。酒精的原料甚多，如马铃薯、山薯、高粱、玉蜀黍、谷类都是。把这类含有淀粉的东西加入酸类，先使淀粉化糖，再加酵母发酵，就可取得酒精。这种酒精的原料本是我们重要的食粮，如果能利用废物或更廉价的原料来制造酒精，那么酵母对于人类的功绩将愈显出了。

酵母本身含有着蛋白质、磷、维他命B等，把它直接充作食物，也是很有价值的。历来曾有过许多考案，想把微生物转化为食粮。所困难的就是制造酵母先须用淀粉和糖类，这些原料本身就是贵重的食粮，并且酵母在培养上也有种种复杂的问题，这理想的实现，恐只好待之于将来了。

中国书业的新途径

全国事业经过八年的战祸，无一不受到巨大的创伤。胜利以后，亟待复兴。但所谓复兴者，不只是恢复原状而已，要较原状有所改进才对。笔者侧身书业，敢就本业发抒私见，供同业先进与全国关心文化事业之业外人士采择。

书业以传达文化，供给精神食粮为职志。书店之业务可分为二部，一是将有价值的著述印制成为书籍，这叫做出版；二是将所印制成的书籍流通开去，供人阅读，这叫做发行。就出版方面说，著述可收外稿，原不必一一由书店自己编辑。但一书店有一书店的目标，为便利计，皆设有编辑所。排印书籍原为印刷所之事，本无须由书店自己兼营。但书店为呼应便利计，大都附办印刷所。就发行方面说，书店所制成的书籍原可与别种商品一样，除门售外，批发给贩卖商销行到外埠去，不一定要在外埠自设分店。但书店为了要防止放帐上的危险及其他种种原因，皆于总店以外在重要城市另设分店。故向例一家书店机构很是庞大。总店本身要具有编辑所、印刷所、发行所三部；总店以外，还要具有许多分店才算骨骼完整，规模粗具。

书店的机构庞大如是，非有巨大资本不能应付。可是按之实际，书店的资本薄弱得很。在战前，全国最大的书店如商务印书馆资本只五百万元，中华书局是四百万元，其他的各书店只不过数十万元而已。以如是薄弱的资本，要想转动其全部机构来实现文化上的使命，当然力有未逮。于是只好缩短阵线，大家把眼光集中于销路比较可靠而成本不大的书籍上。第一是中小学的教本，次之是不要稿费或版税的旧书翻印，行有余力，然后轮到别的新书。各家所出版之书籍既互相重复，发行上竞争自然激烈，或用巨幅广告来号召，或违背同业定章，抑低折扣滥放客帐来倾销，结果发行费用非常浩大，利润随而减少。

这种情形于书店当然不利，而整个文化界也受到不良的影响。因为书店财力有限，所出版的十之八九只是些中小学教本与旧书，自无力来介绍日新月异的学术思想，也无暇顾及社会各方面的需要。譬如说，关于新兵器的书，关于台湾、澎湖的书，关于内蒙、西藏、新疆的书，现在很需要，可是书店里不大多见。中国是以农立国的，可是任何农学部门都找不到一部像样得用的书。此外如音乐、绘画、雕刻、建筑、医药、航空、造船等门类，也都为了太冷僻太专门的缘故，不被书店所顾及。即使有人撰写好了稿子去委托出版，也大概会遭到拒绝。笔者有一位研究音乐的朋友，现为国立音乐院教授，他费了多年的光阴与气力写好了两部书，一部叫对位法，一部叫音乐史，自以为很有价值，想出版，遍询书店都不要。中国虽有许多家书店，而书籍的种类不多。除教本外，一般书籍的销数也有限，每一本书，销数好的不过几千，坏的只几百或几十。因为书店营业的目光偏在教本，无暇顾及一般的所谓"杂书"，并且推销上全靠门市与自设的几处分店，无力把书籍伸入全国各地去的缘故。若与他国相较，中国所出版的书籍在品种上和销行数量上都有落后之观。

以上所指摘的是书店过去的情形。今后是否将再这样继续下去呢？原来机构已大受损伤，有的已失去了印刷所，有的已解散了编辑所，至于各地的分店大都也已毁去了十之七八，如果要一一恢复旧观，恐各家书店都无此财力。试看仅仅几种国定教本，以七家书店来联合承印，犹嫌资金不足，要向政府贷款，书店财力之薄弱可知。第二，书店向以教本为主要营业，今则教本已改为国定，为教育前途计，我们也希望其永为国定。国定教本理宜由国家规定办法，让大家承印。从前由七家书店与教部订立契约，联合承印，是战争时期不得已的办法。此后情形改变，当然未必能够继续下去，在教科书以外，应该决定营业的方针。

情势如此，书业若重循故辙，前途将遭遇许多障碍。为今之计，亟宜另觅一条新途径。新途径是什么？即将原来机构改组，把出版机关与发行机关分立。其办法大致如下：

一、以上海现有书店为发起人，在上海组织联合书店（假定之名）股份有限公司，资本十亿元（假定之数），任各方投资。

二、联合书店不出版书籍，但以发行为业务，在全国各省市各县设立分店，其普遍应如邮局。

三、现有各书店各自动改称为出版社。出版社专营出版事业，其资本可大可小。各出版社以所出版之书籍批发与联合书店发行，不自设总店门市部与各地分店。

四、联合书店营业以现款交易为原则，于收到各出版社所出之书籍时，即按批发折扣，以定价几分之几付给现款，余额按期结清。

这只是个大纲，详细办法与实际上的技术问题，无暇在本文中叙说。书业若如此改组，在出版与发行二方面有许多好处：

一、发行效力大可增加，假定一部新书每县销行十册，全国二千余县合计可销行二万册。印数既多，造货成本自廉，可使读者减轻负担。

二、推广费及管理费可以减少，无滥放回头及吃倒帐等流弊。

三、资金周转灵活。

四、任何著作者可纠合同志或独力以小资本经营出版社，依各自的兴趣刊行各门类的书籍，不必一定再委托书店出版。书籍的种类将因此大大增多。其委托书店出版者，亦可于成书时即取得版税。

五、营业统一，无垄断可言。书籍之销行与否，全视其内容与定价如何。各出版家将专在书籍的内容上成本上互相竞争，促成文化的向上。

仅就上面所举的几点来看，好处已经很多。为各家书店减轻原来笨重的负荷计，今后的发展计，为整个文化界的利益计，这条途径似乎平坦可行，是值得采取的。

也许有人要顾虑，以为书店发行部既化零为整，各家发行部的从业员将有失业之忧了。这层是不足虑的。联合书店将遍设各地，犹如邮局，所需要的人员比现在不知要多若干倍，原来的从业员决无过剩之理。也许还有人要顾虑，以为联合书店规模巨大，整个出版界或将为此一机关所操纵，对出版界前途不无影响。这亦不足为虑。联合书店本身不出版书籍，出版之事仍操在出版家手中。联合书店所得的只是百分之几的批发折扣，不致夺尽出版家的利益。联合书店资本既大，其股票势必在股票市场流通，艳羡联合书店的利润者尽可购买其股票，取得股东乃至董事监察人之资格。

在抗战八年中，他业多有大发其财者，书业不但不发财，且损失极大，可告无罪于国家社会。胜利以后，书业被一班敏感者认为大有希望的事业。他们以为西南西北各省教育远较战前发达，且台湾、东北重新收复，营业范围可大加开拓，别种商品将来都有舶来外货与之竞争，而书籍则不致遭逢外来劲敌。不错，书业的前程确是远大的，问题就在书业自身怎样去迎合这远大的前程。

笔者怀此意见已久，平日言谈所及，知同业中亦不乏共鸣之士，整个正在着手复兴。改弦易辙，奋发向上，今正其时。笔者此文就算是一个公开的提议。

怎样阅读

前天我曾对中学生诸君讲过一次话,题目是《阅读什么》。今天所讲的,可以说是前回的连续题目,是《怎样阅读》。前回讲"阅读什么",是阅读的种类,今天讲"怎样阅读",是阅读的方法。

"怎样阅读"和"阅读什么"一样,也是一个老问题,从来已有许多人对于这问题说过种种的话。我今天所讲的也并无前人所没有发表过的新意见、新方法,今天的话是对中学生诸君讲的,我只希望我的话能适合于中学生诸君就是了。

我在前回讲"阅读什么"的时候,曾经把阅读的范围划成三个方面:第一是职务上的书,第二是参考的书,第三是趣味修养的书。中学生的职务在学习,中学校的课程,中学校的各科教科书属于第一类;学习功课的时候须有别的书籍作参考,这些参考书属于二类；在课外选择些合乎自己个人趣味或有关修养的书来阅读；这是第三类。今天讲"怎样阅读"，也仍想依据了这三个方面来说。

先讲第一类关于诸君职务的书，就是教科书。摆在诸君案头的教科书有两种性质可分，一种是有严密的系统的，一种是没有严密的系统的。如算学、理化、地理、历史、植物、动物等科的书，都有一定的章节，一定的前后次序，这是有系统的。如国文读本，如英文读本，就定不出严密的系统，一篇韩愈的《原道》可以收在初中国文第一册，也可以收在高中国文第二册；一篇佛兰克林的传记，可以摆在初中英文第三册，也可以摆在高中英文第二册。诸君如果是对于自己所用着的教科书留心的，想来早已知道这情形。这情形并不是偶然的，可以说和学科的性质有关。有严密的系统的是属于一般的所谓科学，像国文、英文之类是专以语言文字为对象的，除文法、修辞教科书外，一般所谓读本、教本，都是用来做模范做练习的工具的东西。所以本身就没有严密的系统了。教科书既然有这两种分别，阅读的方法就也应该有不同的地方。

如果把阅读分开来说，一般科学的教科书应该偏重于阅，语言文字的教科书应该偏重在读。一般科学的教科书虽也用了文字写着，但我们学习的目标并不在文字上，譬如说，我们学地理、学化学，所当注意的是地理、化学书上所记着的事项本身，这些事项除图表外原用文字记着，但我们不必专从文字上记忆揣摩，只要从文字去求得内容就够了。至于语言文字的学科就不同，我们在国文教科书里读到一篇文章——假定是韩愈的《画记》，这时我们不但该知道韩愈这个人，理解这篇《画记》的内容，还该有别的目标，如文章的结构、词句的式样、描写表现的方法等等，都得加以研究。如果读韩愈的《画记》，只知道当时曾有过这样的画，韩愈曾写过这样的一篇文章，那就等于不曾把这篇文章当作国文功课学习过。我们又在英文教科书里读华盛顿砍樱桃树的故事，目的并不在想知道华盛顿为什么砍樱桃树，砍了樱桃树后来怎样，乃是要把这故事当作学习英文的材料，收得英文上种种的法则。所以阅读两个字不妨分开来用，一般科学的教科书应懂它的内容，不必从文字上去瞎费力，只要好好地阅就行，像国文、英文两门是语言文字的功课，应在形式上多用力，只阅不够，该好好地读。

不论是阅或是读，对于教科书该毫不放松，因为这是正式功课，是诸君职务上的工作。有疑难，得去翻字典；有问题，得去查书。这就是所谓参考了。参考书是为用功的人预备的，因为要参考先得有参考的项目或问题，这些项目或问题，要阅读认真的人才会从各方面发生。这理由我在前回已经讲过，诸君听过的想尚还能记忆，不多说了。现在让我来说些阅读参考书的时候该注意的事情。

第一，我劝诸君暂时认定参考的范围，不要把自己所要参考的项目或问题抛荒。我们查字典，大概把所要查的字或典故查出了就满足，不会再分心在字典上的。可是如果是字典以外的参考书，一不小心，往往有辗转跑远的事情。举例来说，你读《桃花源记》，为了"乌托邦思想"的一个项目，去把马列斯的《理想乡消息》来作参考书读，是对的，但你得暂时记住，你所要参考的是"乌托邦思想"，不是别的项目。你不要因读了马列斯的这部《理想乡消息》就把心分到很远的地方去。马列斯是主张美术的，是社会思想家，你如果不留意，也许会把所读的《桃花源记》忘掉，在社会思想咧、美术咧等等的念头上打圈子，从甲方面转到乙方面，再从乙方面转到丙方面，结果会弄得头脑杂乱无章。我们和朋友谈话的时候，常有把话头远远地扯开去，忘记方才所谈的是什么的。这和因为看参考书把本来的题目抛荒，情形很相像。懂得谈话方法的人，碰到这种情形常会提醒对手把话说回来，回到所要谈的事情上去。看参考书的时候，也该有同样的注意，和自己所想参考的题目无直接关系的方面，不该去多分心。

第二，是劝诸君乘参考之便，留意一般书籍的性质和内容大略。除了查检字典和翻阅杂志上的单篇文字以外，所谓参考书者，普通都是一部一部的独立的书籍。一部书有一部书的性质、内容和组织式样，你为了参考，既有机会去见到某一部书，乘便把这一部书的情形知道一些，是并不费事的。诸君在中学里有种种规定要做的工作，课外读书的时间很少，有些书在常识上、将来应用上却非知道不可，例如，我们在中学校里不读《二十五史》《十三经》，但《二十五史》《十三经》是怎样的东西，却是该知道的常识。我们不做基督教徒，不必读圣书，但《新约》和《旧约》的大略内容，却是该知道的常识。如果你读历史课，对于"汉武帝扩展疆土"的题目，想知道得详细一点，去翻《史记》或是《汉书》，这时候你大概会先翻目录吧；你翻目录，一定会见至"本纪""列传""表""志"或"书"等等的名目，这就是《史记》或《汉书》的组织构造。你读了里面的《汉武帝本纪》一篇，或全篇里的几段，再把这些目录看过，在你就算是对于《史记》或《汉书》发生过关系，《史记》、《汉书》是怎样的书，你可懂得大概了。再举一个例来说，你从植物学或动物学教师口头听到"进化论"的话，你如果想对这题目多知道些详细情形，你可到图书馆去找书来看。假定你找到了一本陈兼善著的《进化论纲要》，你可先阅序文，看这部书是讲什么方面的，再查目录，看里面有些什么项目。你目前所参考的也许只是其中的一节或一章，但这全书的概括知识，于你是很有用处的。你能随时留心，一年之中，可以收得许多书籍的概括的大略知识，久而久之，你就知道哪些书里有些什么东西，要查哪些事项，该去找什么书，翻检起来，非常便利。

以上所说的是关于参考书的话。参考书因参考的题目随时决定，阅读参考书的时候，要顾到自己所参考的题目，勿使题目抛荒，还要把那部书的序文、目录留心一下，记个大略情形，预备将来的翻检便利。

以下应该讲的是趣味修养的书，这类的书，我在上回曾经讲过，种数不必多，选择要精。一种书可以只管读，读到厌倦才止。这类的书，也该尽量地利用参考书。例如：你现在正读着杜甫的诗集，那么有时候你得翻翻杜甫的传记、年谱以及别人诗话中对于杜诗的评语等等的书。你如果正读着王阳明的《传习录》，你得翻翻王阳明的集子、他的传记以及后人关于程、朱、陆、王的论争的著作。把自己正在读着的书做中心，再用别的书来做帮助，这样，才能使你读着的书更明白，更切实有味，不至于犯浅陋的毛病。

上面所讲的是三种书的阅读方法。关于阅读两个字的本身，尚有几点想说说。我方才曾把教科书分为两种性质，一种是属于一般的科学的，有严密的系统，一种是属于语言文字的，没有严密的系统。我又曾说过，属于一般科学的该偏重在阅，属于语言文字的，只阅不够，该偏重在读。现在让我再进一步来说，凡是书都是用语言文字写成的，照普通的情形看来，一部书可以含有两种性质：书本身有着内容，内容上自有系统可寻，性质属于一般科学；书是用语言文字写着的，从形式上去推究，就属于语言文字了。一部《史记》，从其内容说是历史，但是也可以选出一篇来当作国文科教材。诸君所用的算学教科书，当然是属于科学一类的，但就语言文字看，也未始不可为写作上的参考模范。算学书里的文章，朴实正确，秩序非常完整，实是学术文的好模样。这样看来，任何书籍都可有两种说法，如果就内容说，只阅可以了，如果当作语言文字来看，那么非读不可。

这次播音，教育部托我担任的是中学国语科的讲话，我把我的讲话限在阅读方面。我所讲的只是一般的阅读情形，并未曾专就国语一科讲话。诸君听了也许会说我的讲话不合教育部所定的范围条件吧。我得声明，我不承认有许多独立存在的所谓国语科的书籍，书籍之中除了极少数的文法、修辞等类以外，都可以是不属于国语科的。我们能说《论语》《孟子》《庄子》《左传》是国语吗？能说《红楼梦》《水浒》《三国演义》是国语吗？可是如果从形式上着眼，当作语言文字来研究，那就没有一种不是国语科的材料，不但《论语》《孟子》《庄子》《左传》是国语，《红楼梦》《水浒》《三国演义》是国语，诸君的物理教科书、植物教科书也是国语，甚至于张三的卖田契、李四的家信也是国语了。我以为所谓国语科，就是学习语言文字的一种功课；把本来用语言文字写着的东西，当作语言文字来研究，来学习，就是国语科的任务。所以我只讲一般的阅读，不把国语科特别提出。这层要请诸位注意。

把任何的书，从语言文字上着眼去学习研究，这种阅读，可以说是属于国语科的工作。阅读通常可分为两种，一是略读，一是精读。略读的目的在理解，在收得内容；精读的目的在揣摩，在鉴赏。我以为要研究语言文字的法则，该注重于精读。分量不必多，要精细地读，好比临帖，我们临某种帖，目的在笔意相合，写字得它的神气，并不在乎抄录它的文字。假定这部帖里共有一千个字，我们与其每日瞎抄一遍，全体写一千个字，倒不如拣选十个或二十个有变化的有趣味的字,每字好好地临几遍,来得有效。诸君读小说,假定是茅盾的《子夜》,如果当作语言文字的学习的话,所当注意的不该单是书里的故事,对于书里面的人物描写、叙事的方法、结构照应以及用辞、造句等等该大加注意,诸君读诗歌,假定是徐志摩的诗集,如果当语言文字学习的话,不但该注意诗里的大意,还该留心它的造句、用韵、音节以及表现、着想、对仗、风格等等的方面。语言文字上的变化技巧,其实并不十分多的,只要能留心,在小部分里也大概可以看得出来。假定一部书有五百页,每一页有一千个字,如果第一页你能看得懂,那么我敢保证,你是能把全书看懂的。因为全书所有的语言文字上的法则在第一页一千字里面大概都已出现。举例来说,文法上的法则,像动词的用法、接续词的用法、形容词的用法、助词的用法,以及几种句子的结合法,都已出现在第一页了。我劝诸君能在精读上多用力。

　　为了时间关系,我的话就将结束。我所讲的话,乱杂疏漏的地方自己觉得很多,请诸君代去求教师替我修正。关于中学国语科的阅读,我几年前曾发表过好些意见,所说的话和这回大有些不同。记得有两篇文章,一篇叫做《关于国文的学习》,载在《中学各科学习法》(《开明青年丛书》之一)里,还有一篇叫《国文科课外应读些什么》,载在《读书的艺术》(《中学生杂志丛刊》之一)里,诸君如未曾看到过的,请自己去看看,或者对于我这回的讲话,可以得到一些补充。我这无聊的讲话,费了诸君许多课外的时间,对不起得很。

> 本文是向全国中学生作的广播稿
> 刊《中学生》第六十一期(1936年1月)